Los 100 primeros días del bebé

Diario personal de una joven mamá
y los excelentes consejos de una pediatra

Grupo **ROBIN BOOK**

Barcelona - México
Buenos Aires

Los 100 primeros días del bebé

Diario personal de una joven mamá y los excelentes consejos de una pediatra

Véronique Mahé
con la colaboración de la Dra. Valérie Filip

Traducción de Francesc Navarro

b e b é

ROBIN
BOOK

nuevos padres

Título original: *Les 100 premiers jours avec bebe*

© 2005, LEDUC.S Éditions

© 2008, Ediciones Robinbook, s. l., Barcelona

Diseño de cubierta: Regina Richling
Fotografía de cubierta: ©iStockphoto.com/Ana Abejón
Diseño de interior: Paco Murcia
ISBN: 978-84-7927-911-0
Depósito legal: B-10.251-2008

Impreso por Limpergraf, Mogoda, 29-31 (Can Salvatella), 08210 Barberà del Vallès

Impreso en España - *Printed in Spain*

Sumario

Introducción *13*

Prefacio *15*

1.ᵉʳ día. Mi llegada al planeta madre *16*
- Pecho o biberón: ¡se puede probar todo! • Una cesárea no es un fracaso

2.º día. ¿De dónde vienen mis ganas de llorar? *18*
- Pecho o biberón: ¿quién escoge? • ¿Cuándo se hace el registro del nacimiento?

3.ᵉʳ día. Tengo ganas de volver a casa... *20*
- Para curar mi episiotomía • Bien cómoda para dar bien el pecho

4.º día. ¡Por fin vuelvo a mi nido! *22*
- El cordón umbilical: curas y final • Cuando el bebé se pone amarillo...

5.º día. ¡Siempre en brazos! *24*
- Pechos tensos y doloridos

6.º día. Ay, ¡mamá está en casa! *26*
- Se araña la cara, ¿le corto las uñas? • El biberón: ¡es muy simple!

7.º día. Ha querido besar a Clara... ¡en la boca! *28*
- Su habitación: un pequeño y delicado nido • El biberón: ¿se esteriliza o no?

8.º día. Clara me ha mirado por primera vez *30*
- El eritema tóxico, benigno • ¡Qué bueno es ser acunado!

9.º día. Mis amigas desembarcan *32*
- Dar el pecho: ¿cuándo lo pida o a horas determinadas? • En la camita, ¡boca arriba!

10.º día. Simón me irrita, ¡no lo hace como yo quiero! *34*
- ¿Heces líquidas o diarrea? • A favor o en contra del chupete

11.ᵉʳ día. Diario de Simón: Cuando los chicos ronden a mi hija... *36*
- Una piel pelada • ¿Por qué sostener bien su cabeza?

12.º día. Sueño con mi cuerpo de antes... *38*
- Pezones de competición • ¿Mi bebé duerme demasiado?

13.ᵉʳ día. Primera visita al pediatra *40*
- Ella duerme con nosotros • La curva del peso remonta

14.º día. Me tomaría una copita de cava *42*
- Hola, doctor, estoy inquieta... • Una habitación cálida, pero no demasiado

15.º día. ¡Detesto los apodos! *44*
- La leche materna es siempre buena, salvo que... • ¿Quién eres tú, mi bebé?

16.º día. ¡La gente fuma en todas partes *46*
- Babas o regurgitaciones • El bebé todavía esta amarillo

17.º día. ¡A veces los hombres son raros! 48
- Sus nalgas están lastimadas • Hace falta contactar (¡ya!) con la guardería
18.º día. Ella prefiere los brazos de su padre 50
- Los banales y famosos cólicos • Los CAP, para todos los padres
19.º día. ¡Clara debe aprender inglés! 52
- Mimos y más mimos... • Bebé... con senos
20.º día. Todos esos juguetes en la habitación... 54
- Su primera vacuna • La lactancia no «protege» de nada
21.er día. Un mimo, eso nos faltaba 56
- Acostarlo, sí, pero ¿dónde? Depende del espacio que tengamos en casa • ¡Al baño, mi bebé!
22.º día. La primera sonrisa de Clara 58
- Si tendemos a esterilizar... • Y ahora, ¿qué anticonceptivo?
23.er día. Diez escalones que subir con un carrito 60
- Granitos en la carita • El eructo facultativo
24.º día. Simón no quiere disfrazarse... de Papá Noel 62
- Para amamantar, comer variado • Costras de leche en la cabeza
25.º día. ¡Me recuerda a mi hija! 64
- Haz un historial sanitario del bebé • Tipos de guardería y cuidados: la elección
26.º día. Nueve meses de angustia para Simón 66
- Más de 37,5º C, rápido a urgencias • ¿Y si me hiciera asistente materna?
27.º día. ¿Y si nos casamos? 68
- Sangre en el pañal: no es grave • Para alquilar una cuna
28.º día. ¿Qué quiere Clara de su cochecito? 70
- ¿Qué es la miliaria? • Dormir, comer, llorar...
29.º día. Diario de Simón: ¡Pero yo soy su padre! 72
- El paseo, a buenas horas • Una niñera en casa...
30.º día. He discutido con Ingrid 74
- Su cráneo se aplana • La guardería: ¡eso me tienta!
31.er día. Diario de Simón: Mi método para dormir a Clara 76
- Nada de zapping con la reeducación perineal • Tetina: ¡normas para una higiene perfecta!
32.º día. Tenemos vecinos nuevos 78
- El bebé llora para dormirse • Incluso en pleno invierno, granitos de calor
33.er día. ¡Clara ha aspirado la nariz de Simón! 80
- Regurgitaciones espectaculares • Tengo fiebre, ¿qué hago?
34.º día. ¡A ella le gusta la misma música que a mí! 82
- ¿Pediatra o médico general? • El bebé tiene la nariz taponada
35.º día. La lactancia es un poco esclava, ¿no? 84
- Verdadero o falso: ¿cómo saber si el bebé está mal?

36.º día. Diario de Simón: Y yo, ¿no existo? **86**
• ¿Qué medicamentos durante la lactancia? • Mi bebé tiene estreñimiento

37.º día. He dado mi leche **88**
• ¿Y un cuidado compartido? • Los medicamentos genéricos para el bebé

38.º día. Me gusta hablar con otras madres... **90**
• ¡Viva el portabebés!

39.º día. ¿Qué le pasa a Simón? **92**
• Los bebés no tienen caprichos • Una nariz bien limpia

40.º día. ¡Adoro hablar con Clara! **94**
• ¿Podemos fiarnos de las agencias de niñeras? • Cuando la gastroenteritis ataca

41.er día. ¡Todo va bien! ¿Podría ir mejor? **96**
• Modos de cuidado, costes, ayudas y ventajas fiscales

42.º día. ¿Y si me tomara mi baja maternal? **98**
• ¿Dónde encuentro niñeras? • Hacer que el bebé duerma a buenas horas

43.er día. Simón ya no me mira como antes **100**
• Los famosos llantos de las 19h • Cuando queremos empezar a trabajar ya

44.º día. Mi primera tarde sin Clara **102**
• La pequeña bebé crece • El extractor de leche para respirar un poco

45.º día. Diario de Simón: Creo que Laura tiene ideas extrañas... **104**
• Interrumpir el hipo • ¡Aviso de contaminación en casa!

46.º día. Diario de Simón: Doy el biberón **106**
• Bebé trotamundos en avión • El bebé confunde la noche y el día

47.º día. ¿Pablo será bautizado o no? **108**
• Limitar los riesgos de alergia • ¡Bebé a bordo!

48.º día. ¡31 velas y un bebé guapo! **110**
• Código de buena conducta entre niñeras y papás • ¡Un bebé cómodamente vestido!

49.º día. ¿Por qué han venido todos el mismo día? **112**
• Un poco de presión para conseguir plaza en la guardería • Provocar un intercambio de miradas

50.º día. Pero ¿cuando se dormirá? **114**
• Entrevista de contratación: modo de empleo

51.er día. ¡La norma soy yo! **116**
• ¿Para qué sirven estas vitaminas? • Para los casos graves: una baja especial

52.º día. Dudo en llamar al médico **118**
• Un hogar 100% seguro • Bebé en la montaña

53.er día. Diario de Simón: Mi gesto personal... **120**
• Buscando familia para el cuidado compartido... • ¿Es necesario ponerse los zapatos?

54.º día. ¡24 horas sin Clara es demasiado! **122**
• Las toallitas, prácticas pero no ecológicas • Hola, doctor, ¡necesito un consejo!

55.º día. Un padrino y una madrina para Clara *124*
 • ¿Cómo escoger el modo de cuidado adaptado? • De paseo nos llevamos...
56.º día. Tengo miedo de la tele *126*
 • ¡Nunca un bebé solo en las alturas! • Para prevenir una bronquiolitis
57.º día. Simón mira a las chicas por la calle *128*
 • Juguetes bien adaptados • ¿Cómo tomar la temperatura?
58.º día. Diario de Simón: Laura está distante... *130*
 • Un sueño muy agitado... • Los beneficios del masaje
59.º día. ¡Cuatro generaciones bajo el mismo techo! *132*
 • Cinco días para prepararse para la guardería • El bebé y los perros
60.º día. Diario de Simón: Me gustaría una noche cara a cara *134*
 • ¿Cuándo dormirá por las noches el bebé? • ¿Tenemos que bajar la piel del prepucio a los niños?
61.ᵉʳ día. Me enfado con Clara *136*
 • Calor, playa y sol: un cóctel temible
62.º día. Sonia ha dado a luz en su casa *138*
 • ¿Cómo lavar la ropa? • Una baja para los padres
63.ᵉʳ día. ¡Oh! ¡Qué pequeña es! *140*
 • ¿Con quién hablamos cuando estamos tristes?
64.º día. ¿Para cuándo el hermanito? *142*
 • Con adelanto, con retraso... • ¡Vaya apetito!
65.º día. ¡Una boda genial! *144*
 • Los testículos de los niños • ¿Cereales para dormir?
66.º día. Clara rechaza nuestros brazos... *146*
 • Es su primera inyección • Algunos días para adaptarse a su niñera
67.º día. Hemos encontrado una niñera *148*
 • ¡Nunca hablamos demasiado a los pequeños! • Sangre en las regurgitaciones
68.º día. ¿Y si hubiera tenido un niño? *150*
 • Modo de empleo del ineludible fetiche • ¡Los bebés no fuman!
69.º día. Los bebés no son como los demás *152*
 • Pezones extraños • Un verdadero melómano
70.º día. Una semana más *154*
 • ¿Cómo le daremos sus medicinas?
71.ᵉʳ día. Adaptación a la niñera *156*
 • En forma para pedalear • Los insectos del verano
72.º día. Flor y Matías van a adoptar un bebé *158*
 • Mi farmacia en casa • ¿Por qué vacunamos a los bebés?
73.ᵉʳ día. Clara está fascinada por los mayores *160*
 • El mejor momento para el destete • En la bañera, ¡el bebé bien vigilado!

74.º día. Clara no quiere biberón *162*
- ¿El bebé duerme lo suficiente? • El bebé está resfriado, ¿lo consultamos?

75.º día. Cuando las abuelas sueñan... *164*
- ¿El bebé esta demasiado gordo? • Destete: modo de empleo

76.º día. Último día antes de ir a trabajar *166*
- ¿Cuatro o cinco comidas para el bebé? • ¡De tal padre, tal hija!

77.º día. En el trabajo, una bienvenida calurosa *168*
- ¿Dejamos de dar el pecho un poco, mucho o totalmente? • Los medicamentos, bien guardados

78.º día. Diario de Simón: Mi amigo se escabulle *170*
- Saber separarse rápido • Risas y juegos de manos

79.º día. Diario de Simón: Laura no para de llorar *172*
- Al salir por la mañana, ¿es necesario esperar a que el bebé se despierte? • ¿Demasiado pronto para una fimosis?

80.º día. Clara está acatarrada *174*
- Hongos mal colocados • ¿Por qué está enfermo el bebé?

81.ᵉʳ día. Ah, los hijos de amigos... *176*
- Para enderezar los pies metidos hacia dentro • La noche con mi niñera

82.º día. Clara prefiere a su niñera *178*
- ¿Qué pensáis de los jarabes para dormir? • ¡Cuidado con los gatos!

83.ᵉʳ día. ¡Un bebé sale caro! *180*
- La lactancia parcial: ¡no es tan simple! • Antibióticos: ¡sólo si son necesarios!

84.º día. Diario de Simón: Mis compañeros me ven cansado *182*
- ¿Puedo dictar mi receta? • Mi bebé bizquea, ¿es normal?

85.º día. No siempre sé lo que quiero *184*
- ¿Cuándo debemos ir a urgencias? • Muguete en la boca

86.º día. Diario de Simón: Clara me ha cogido de la manga *186*
- La fiebre, ¿es a partir de cuánto?

87.º día. ¡Cada día voy mejor en el trabajo! *188*
- Bebé, ¿me oyes? • Tetinas en abundancia

88.º día. Simón ya no quiere levantarse por las noches *190*
- El prospecto de los medicamentos: ¡leedlo con atención! • Cuidado con los líquidos calientes

89.º día. Eso es, ¡entro en mis tejanos! *192*
- Ese pequeño lunar en su piel • Dos idiomas desde la cuna

90.º día. Diario de Simón: Clara debe dormir en su habitación *194*
- ¿Cuándo le saldrán los dientes? • A veces, el apetito varía

91.ᵉʳ día. ¡Un bebé cambia la vida! *196*
- Para un mejor ritmo de vida

92.° día. Diario de Simón: Soy el único hombre en el parque   *198*
- Pequeño juego de niñera • La famosa bronquiolitis

93.ᵉʳ día. Diario de Simón: Difícil, difícil, tomar su lugar   *200*
- ¿Los apellidos del padre o de la madre? • ¡No hay baño esta noche!

94.° día. Clara tiene una otitis   *202*
- Ha encontrado su pulgar. ¿Es mejor que el chupete? • En las caderas, ¿todo va bien?

95.° día. Los pequeños calman a los grandes   *204*
- El abuelo y la abuela: ¿adultos como los demás? • ¿Qué es esa mancha roja en la piel del bebé?

96.° día. Julio ha sido hospitalizado   *206*
- A propósito de los bebés nadadores... • Un espejo para encontrar a un amigo

97.° día. Sí, estoy en lo correcto al trabajar   *208*
- Trucos de niñera para calmar al bebé • ¿Es un diente lo que se prepara o es algo más grave?

98.° día. ¿Los hombres quieren compartirlo todo?   *210*
- El bebé tiene un pene extraño • Escoger con atención: la leche antirregurgitación

99.° día. He cruzado el umbral...   *212*
- Eso es, ¡el bebé sostiene su cabeza! • Si la tristeza persiste

100.° día. ¿Y si nos felicitáramos?   *214*
- Zumos de fruta, puré o carne... • ¿Hay que estimular al bebé para que progrese?

Informaciones adicionales   *216*
- Saberlo todo sobre la baja parental • Permiso de lactancia • Cerca del teléfono, los números útiles

Índice analítico   *218*

Agradecimientos   *221*

Introducción

Hoy en día tenemos la suerte de vivir embarazos deseados. Los nacimientos son, la mayoría de las veces, eventos muy felices. Sin embargo, las jóvenes mamás son cada vez más numerosas y se atreven a decir hasta qué punto se sienten desorientadas y perdidas cuando su primer bebé aparece en sus vidas.

Ya tengan veinte, treinta o cuarenta años, la mayoría de las madres se sienten preparadas para ocuparse de sus bebés cuando éstos lleguen. Sin embargo, desde el primer biberón o el primer pecho, muchas comprenden que no será tan sencillo como imaginaban.

Hasta entonces, muchos de nosotros nunca habremos tenido a un recién nacido en brazos. Las generaciones anteriores tenían menos comodidades materiales que nosotros (¡hace unos cuarenta años las jóvenes mamás no conocían los pañales desechables, los lavaban!), pero se adaptaban fácilmente a sus nuevos hábitos de mamá, ya que muchas habían ejercido de madres antes (las hijas mayores de familias numerosas se ocupaban de los pequeños, y los jóvenes habían visto nacer a sus sobrinas y sobrinos siendo adolescentes...). Las generaciones cohabitaban más y, entre mujeres, los gestos maternales se transmitían casi sin palabras.

Hoy, las nuevas mamás ni siquiera pueden apoyarse en el saber de sus propias madres, muchas cosas han cambiado de una generación a otra. La puericultura ha evolucionado, como también lo han hecho la medicina y la psicología infantiles. Muchos principios no han soportado el paso de los años y lo que era bueno ayer puede no serlo en la actualidad. Cuántas abuelas (¡y abuelos!) se sorprenden al ver a sus nietos (o nietas) durmiendo boca arriba mientras que, en sus tiempos, ellos habían respetado escrupulosamente las pautas del médico que les decía que el bebé durmiera boca abajo.

¡Está claro que muchas veces ser madre no es algo espontáneo! Los gestos cotidianos no surgen espontáneamente en madres que acogen a su primer bebé. Por supuesto, siempre habrá quien diga lo contrario y explique que enseguida sintió, en lo más profundo de sí misma, las necesidades de su recién nacido... Pero son numerosas las que se quedan mudas porque para ellas nada ha sido «natural»: la lactancia, preparar el biberón, comprender por qué el bebé llora durante horas... ¡Comprender todo eso no es innato!

Entre temor y asombro, alegría y cansancio, hacen falta cien días para conocer la nutrición del bebé, para descubrirse como madre y descubrir al compañero como padre, para ver a los padres como abuelos... y para crear una vida de familia alrededor del recién nacido.

Este libro os acompañará en este descubrimiento, compartiendo los estados de ánimo, los interrogantes y la felicidad descrita por un padre y una madre. Esperamos ayudaros a observar correctamente a vuestro bebé, a aprovechar este período tan rico de pequeños momentos. Encontraréis consejos médicos, trucos prácticos, juegos para hacer con él o ella e informaciones para organizar mejor la nueva vida cotidiana con el bebé. ¡Así podréis lanzaros a la aventura lo más serenamente posible!

VÉRONIQUE MAHÉ Y VALÉRIE FILIP

Para orientarse mejor

A lo largo de las páginas, seguid los pictogramas situados junto a los consejos que presenta este libro:

Médico   Puericultura

Administrativo Organización

Consejo   Truco

Juego

Prefacio

¿Por qué interesarse especialmente por los 100 primeros días del bebé?

En primer lugar, porque en mi práctica cotidiana como pediatra muchos padres jóvenes me hacen preguntas sobre la duración previsible de las pequeñas molestias de su bebé: «¿cuánto tiempo van a molestarle los cólicos?», «¿cuándo tendrá la bonita piel de un bebé?», «¿cuándo dormirá por las noches?»... Evidentemente, cada bebé es particular y es delicado dar una respuesta general, pero frecuentemente respondo que es al cabo de los tres meses (alrededor de los cien días) cuando todo se pone en orden.

Estos cien días representan un período particular: evidentemente, cuando el bebé depende más de sus padres para satisfacer sus necesidades vitales, pero también para burlar sus «problemas». Efectivamente, a medida que sus fases de sueño se van espaciando el bebé parece hacerse la pregunta: «¿Y ahora qué hago?». Pasados los cien días, podrá jugar con sus manos, cogérselas y metérselas en la boca, pero, mientras tanto, es a vosotros, sus padres, a quienes toca responder esa pregunta. A veces, cuando el bebé llora al acabar su comida y sus pañales están secos, cuando sus lágrimas cesan al cogerlo en brazos y explotan de nuevo al dejarlo en la cama, puede ser que no diga más que: «¿Y ahora qué hago?».

Todas las madres deberían sentirse autorizadas a abrazar a sus bebés que lloran, sin tener miedo a crearles «malos hábitos».

Este libro está aquí para convenceros que un bebé no tiene caprichos a las dos semanas de vida y para ayudar a los padres jóvenes a sacar el máximo provecho de estos cien primeros días, a veces un poco cansados pero, a la vez, maravillosos.

DRA. VALÉRIE FILIP

Mi llegada al planeta madre

Después de algunas horas tengo una hija. Está aquí, junto a mí, durmiendo en la cuna transparente de la maternidad. Yo la miro sorprendida. No estoy totalmente segura de comprenderlo: las pequeñas patadas que sentía en mi vientre hace apenas 24 horas... ¿es ella? ¡Increíble!

Me he convertido en madre, Simón se ha convertido en padre... Nos hemos convertido en padres. Pronto yo también podré hablar de otitis, de rinofaringitis y de problemas de niñera... Eso es, me incorporo al club de las madres de familia. Me siento orgullosa y al mismo tiempo desconcertada: me siento bien al mirar a mi pequeña Clara. No siento esas ráfagas de amor de las que me habían hablado mis compañeras. Sin embargo, yo deseaba a esta pequeña... ¡Incluso tenía prisa en que naciera!

Hoy la veo bonita, pero nada más. Llora con estridencia. Tiene un cuerpo raro (se me hace extraño ver sus encías sin dientes). Estoy maravillada de que todo esté en su lugar, bien acabado, pero al mismo tiempo estoy un poco decepcionada. ¡Me imaginaba que se parecería a un bebé publicitario! ¿Por qué no es ésta la gran felicidad que yo esperaba?

Tengo ganas de apretar el timbre que hay encima de la cama para llamar a la comadrona y preguntarle si le pasa lo mismo a las demás mamás: ¿ellas también sienten poco ímpetu cuando nace su primer bebé? Pero no me atrevo, ¡tengo vergüenza! Ese sentimiento maternal que no llega, no debe ser normal. Si me dejara ir, tendría lágrimas en los ojos... Me inclino hacia Clara, reteniendo mi respiración para no despertarle, y no puedo evitar murmurar esta pregunta que me invade desde que nació: ¿lograré amarte?

PECHO O BIBERÓN: ¡SE PUEDE PROBAR TODO!

Al poco de nacer el bebé se pregunta a la joven madre, agotada, si desea dar el pecho. Todas aquellas que tienen una opinión tajante sobre este tema no tienen ningún problema en responder sí o no. Pero las indecisas tienen más dificultades para pronunciarse; justo después del parto (¡cuando el cansancio y las emociones abruman!) no es el mejor momento para decidir esta cuestión.

Inútil precipitarse: Si dudáis, no toméis los comprimidos que os ofrecen para bloquear el aumento de leche y no escuchéis a los que dicen que si el bebé prueba antes el biberón que el pecho la lactancia materna se ve perjudicada.

Cuando estéis menos cansadas probad a darle el pecho al bebé. Si lo hacéis a las 48 horas después del parto el bebé ingerirá calostro: un líquido que precede al aumento de la leche, es muy nutritivo y excelente para la salud del recién nacido, ya que está repleto de anticuerpos.

A continuación, cada una juega si quiere: si no os complace dar el pecho, ¡será inútil forzaros! A priori, la leche materna es la mejor para la nutrición del bebé recién nacido, pero hoy en día la leche en polvo de lactancia ha mejorado mucho.

Aparte, todos los pediatras están de acuerdo: ¡más vale dar el biberón con amor que el pecho a regañadientes!

UNA CESÁREA NO ES UN FRACASO

¡Difícilmente una mamá estará encantada de tener una cesárea!

A veces, sin embargo, una ha tenido tiempo de prepararse, ya que sabe que su pelvis es estrecha o que el bebé nacerá de nalgas o que la placenta está mal situada. En estos casos, el ginecólogo ya previene de que será demasiado arriesgado dar a luz con normalidad.

Otras veces, una no se lo esperaba, pero como el parto no se desarrollaba tan bien como estaba previsto la cesárea se ha practicado urgentemente. Es normal que una se decepcione. Piensa que ha fracasado a la hora de alumbrar de una forma «normal». Es inútil darle vueltas a ese tipo de pensamientos: una no escoge tener una cesárea. ¡La padece! Pero es una oportunidad a la que recurrir para que el bebé nazca con buena salud y en buenas condiciones.

¿De dónde vienen mis ganas de llorar?

No paro de llorar y no sé por qué. ¡Es horrible! Lloro en el momento que alguien me dirige una palabra. A la hora en punto, la puericultora ha venido para darle un baño a Clara. Cuando me ha pedido la toalla para secarla, me he dado cuenta de que la había olvidado. He vuelto a llorar. La puericultora ha intentado consolarme diciéndome que esto no era nada grave. Pero he continuado. Creo que esto es lo que llaman *baby-blues* o depresión posparto.

Me siento deprimida y nula, una mala madre, incapaz de ocuparse de su hija y pensar en las cosas más simples. Después del baño, todavía ha sido peor. Una enfermera ha venido para hacerme firmar una autorización de extracción de sangre que servirá para detectar la mucoviscidosis. No sé muy bien cuál es esa enfermedad, eso me da miedo. Justo en el momento en que la enfermera se ha ido Clara se ha puesto a llorar y me he imaginado que ella estaba enferma. Y lo que faltaba, he vuelto a llorar. ¡No soportaré que sufra así! ¡Sería horrible!

Y, además, es tontería, pero no paro de pensar en la edad: en la edad que tendré cuando Clara tenga mi edad, en la edad de mis padres... Tengo la impresión de haber dado un golpe bajo a mis padres, habiéndoles hecho viejos al convertirlos en abuelos. Sin embargo, ellos no están molestos. Al contrario, ¡están contentos de tener al fin una nieta! ¿Entonces por qué lloro? Simón está contento, mis padres están contentos, yo tengo una bonita hija... Lo tengo todo para ser feliz, ¿no?

Lo tengo todo para ser feliz, ¿no?

PECHO O BIBERÓN: ¿QUIÉN ESCOGE?

La que lacta... Es su cuerpo, sus pechos... Por lo tanto, poco importa lo que piensen los demás, la suegra, la madre, el cuñado, la comadrona...

Incluso si todo este pequeño mundo no para de alabar los beneficios de la lactancia materna, una tiene el derecho de dar el biberón sin tenerse que justificar, ¡ni dar explicaciones!

Una tampoco debe querer hacerlo porque si no romperá años y años de tradición familiar: No es porque su madre, su abuela, sus hermanas o sus cuñadas hayan dado el pecho con felicidad por lo que una debe hacer lo mismo. Y tampoco porque las amigas crean que la lactancia tiene un lado animal, algo repelente, una debe adherirse a esos argumentos y sacar el biberón inmediatamente.

Nadie puede escoger por la joven madre. El único que puede decir alguna cosa es el médico en el caso de que la madre no tenga otra opción que tomar algunos medicamentos que contraindiquen la lactancia.

¿CUÁNDO SE HACE EL REGISTRO DEL NACIMIENTO?

Su existencia debe ser oficial máximo ocho días después del nacimiento del bebé (extraordinariamente, este período se puede ampliar hasta los 30 días naturales).

Si la pareja está casada, para inscribir al bebé hace falta el libro de familia y el parte médico de alumbramiento, rellenado por la comadrona o el médico.

Si la pareja no está casada, se precisa la declaración de los progenitores, debiendo acudir el padre y la madre personalmente al registro y aportando la siguiente documentación: parte médico de alumbramiento (este impreso es facilitado por el propio hospital donde éste tuvo lugar) y sus respectivos DNI.

Alta en el padrón municipal: Este trámite se realiza de oficio, a partir de la información recibida del Registro Civil, pero en algunos casos deben hacerlo los padres o interesados. Consultad en vuestro ayuntamiento.

Tengo ganas de volver a casa...

"Hace casi 48 horas que estoy estirada en la cama. Viendo que estoy muy cansada me podría incluso alegrar de este hecho, pero no logro descansar. Cuando no es Clara la que me despierta para darle el pecho, es la comadrona que viene para los cuidados médicos, el fotógrafo que quiere hacerme un retrato (¡como si estuviera para retratos en este momento!), la cena que llega (¡a las 7 de la tarde no tengo nada de hambre!) o mi compañera de habitación que tiene visitas.

Me gustaría irme a casa para poder hacer la siesta serenamente, sin tener que soportar esas entradas y salidas de la habitación. Y, sobre todo, poder dormir con Simón. En nuestra cama. Por la noche podré despertarle. Aquí me siento angustiada, sola, inquieta por mi hija, su salud, la vuelta a casa, el futuro. Con Simón, estaré más «zen», con los ojos grandes y abiertos a las 3 de la mañana.

Mi amiga Ingrid, que tiene ya dos hijos, me ha aconsejado que aproveche bien mi estancia en la maternidad, una «habitación de paz» según ella, ya que se ocupan totalmente de nosotras: no hay que preparar comidas, nada de limpieza, ni de planchado... Ella pensaba que dejaba la maternidad demasiado rápido al cabo de tres días de haber dado a luz. Para mí, es el segundo día y ya estoy harta. Necesito volver a estar con mi marido, mis paredes... No tengo más que una episiotomía: ¿cuánto tiempo más me van a retener?"

Me siento inquieta por mi hija, su salud, la vuelta, el futuro.

PARA CURAR MI EPISIOTOMÍA

Una episiotomía suele ser un poco dolorosa, pero el dolor no dura mucho: una semanita. El tiempo para dejar cicatrizar los puntos de sutura que han permitido unir el corte que se ha practicado entre la vagina y el ano (para prevenir un desgarro del perineo).

Los puntos a veces molestan al levantarse, andar o sentarse, pero podrás moverte. Algunas amigas os llevarán, quizás, un flotador para niños diciendo que es indispensable para sentarse sin tener dolor. Es folclórico, pero inútil. El dolor debe ser soportable. Si no lo es, mejor avisar a la comadrona: los puntos de la episiotomía seguramente aprietan demasiado, a menos que se trate de una infección. Algunas amigas os aconsejarán que utilicéis un secador para secar la cicatriz después de la ducha. ¿Por qué no? Pero frotar bien con una toalla seca también es eficaz y quizás más... discreto.

BIEN CÓMODA PARA DAR BIEN EL PECHO

Como dar el pecho puede durar unos veinte minutos, mejor estar bien cómoda. Evitad los sofás y las butacas muy profundos en los que os hundáis. Un aspecto técnico: recordad que con una buena postura ayudáis al bebé a mamar bien. Si se nutre con el pecho, el bebé debe tener su vientre contra el de la mamá. Si se nutre con el biberón, el vientre del bebé debe mirar al cielo mientras se alimenta.

Habiendo establecido esta base, todas las posiciones están permitidas, ya que convienen a los dos. He aquí las más clásicas, ¡aquellas que han sido probadas y aprobadas por generaciones de mamás!

–Estirada de lado: el bebé está frente a vosotras. Bien situado frente al pecho. No tiene más que abrir la boca para encontrar el pezón. Para cambiar de pecho, os dais la vuelta y situáis a vuestro pequeño de nuevo frente a vosotras. No es extraño que madre e hijo se duerman así, sobre todo por las noches. Ahora bien, pequeña precaución indispensable: poned al bebé del lado de la pared de la protección para que éste no caiga mientras se mueve dormido.

–Sentados en un sillón (¡esto también concierne a las que dan el biberón!): Hace falta un respaldo derecho para sostener vuestra espalda. Poned un taburete pequeño bajo vuestros pies (o guías telefónicas, como hacían las abuelas). Y una almohada bajo vuestras rodillas para sostener los brazos que mantienen al bebé frente al pecho. Así, pues, no habrá molestias en los brazos y las piernas, ¡ni calambres! Por último, no dudéis en variar las posturas sentadas y acostadas: ¡evitaréis mejor las grietas!

¡Por fin vuelvo a mi nido!

Esta mañana he dejado la habitación 323 de la maternidad con Clara en su nido amarillo polluelo. Simón ya había preparado la silla de bebé en el asiento trasero del coche y nos ha llevado a casa. Subiendo la escalera y, sobre todo, delante de la puerta principal me han venido recuerdos de antes del parto, la última vez que cerré la puerta tras de mí, con contracciones que me provocaban un dolor terrible. Sentí un soplo de valentía increíble. ¡Llevo a mi bebé a casa! He tenido la impresión de que ha pasado un siglo desde que me fui.

Sin embargo, fue hace sólo cuatro días y todo ha cambiado. Esto no es nada para toda la Tierra, pero, para mí, toda mi vida ha dado un giro. Al abrir la puerta he tenido ganas de llorar (¡otra vez!). Y, por cierto, he llorado sin saber muy bien por qué. De felicidad quizás. Desde que estoy en casa siento todas las cosas. Me digo que Clara crecerá en este apartamento (o en otro, ya que éste es demasiado pequeño).

La maternidad era un mundo aparte. No había más que bebés, puericultoras, comadronas... No estaba en la vida real. No me daba cuenta de lo que quería decir: volver con Clara a nuestra casa, a su casa, a casa. Además, no la imaginaba aquí, en este apartamento. Y ahora aquí está. Desde el salón oigo que Simón ha cogido a Clara en sus brazos. La lleva a visitar todos los espacios de la casa diciéndole qué son y para qué sirven: «Esto es la cocina, donde te haremos pequeños platos deliciosos; esto es el baño y aquí te lavaremos; esto es la habitación...». Asomo la cabeza para verlos y me entran ganas de reír. Clara no debe de haber comprendido gran cosa de esta visita guiada: está completamente dormida en los brazos de Simón, quien sin saberlo, continúa hablando... a solas.

No lograba imaginarme aquí, en el apartamento.

22

EL CORDÓN UMBILICAL: CURAS Y FINAL
Antes de decir adiós a este pequeño fragmento de cordón, que debe secarse para caer después de algunos días, es necesario un poco de higiene.

–**Primer principio:** mantenerlo fuera de los pañales para que no toque el pipí y las heces. Por lo tanto, a veces es necesario doblar la parte de delante de los pañales.

–**Segundo principio:** limpiar la base del cordón con una compresa y alcohol. Una vez hecho esto, lo tapamos con mercromina incolora para secarlo. En la maternidad las profesionales dejan una compresa de protección sobre el cordón. Eso es inútil una vez está bien seco.

Bueno saberlo: algunos cordones tardan más de un mes en caerse. Esto no es grave, sólo fastidioso, ¡como dirían las mamás preocupadas!

–**Tercer principio:** después de que haya caído, todavía hay trabajo. Es necesario limpiar el ombligo abriéndolo varias veces al día hasta que acabe de cicatrizarse completamente. Pero entonces, más alcohol: es necesario que el ombligo mantenga su color natural para poder verificar que no se enrojezca, que no supure... ¡Si su aspecto es extraño no dudéis en consultar a un médico! Una pequeña inflamación (una hinchazón rojiza y porosa) puede aparecer. Mostradlo al pediatra y éste lo cicatrizará con un lápiz de nitrato de plata. De todas maneras, ¡nada grave!

CUANDO EL BEBÉ SE PONE AMARILLO...
Muchos recién nacidos se ponen amarillos en la maternidad (el pediatra os hablará de *ictericia*, ya que éste es el término técnico).

La piel y el blanco de los ojos se ponen amarillos, ¡e incluso el interior de la boca! Es corriente, pero en la maternidad se vigila de cerca y, si hay necesidad, se cura para evitar complicaciones. El tratamiento: ¡hacer rayos UVA al bebé! Se le pone desnudo (en pañales y tapándole los ojos) dentro de una incubadora provista de lámparas violeta-fosforescente. En la mayoría de los casos, la ictericia desaparece fácilmente en 24 o 48 horas. Mientras tanto, no se deja salir al bebé. Resultado: ¡el retorno a casa a veces se retrasa!

¡Siempre en brazos!

Desde esta mañana, estoy sola en casa con Clara. Simón ha ido a trabajar. Daba la impresión de estar un poco estresado y molesto por dejarme sola con la pequeña. Su voz temblaba al desearme un buen día antes de cerrar la puerta. Me ha prometido que volvería pronto esta tarde. Quiere guardar sus vacaciones paternales para más tarde. Le he sonreído convencida, diciéndole que todo iría bien, pero debo confesar que no las tenía todas conmigo. ¡Finalmente ha ido bien! Clara ha dormido toda la mañana. De repente, he podido hacer mis ejercicios de reeducación del perineo como me ha aconsejado el fisioterapeuta de la maternidad. También he hecho mi lista de la compra para esta tarde, he puesto una lavadora y me he preparado la comida...

Empezaba a leer una revista cuando Clara se ha despertado... Y luego no ha querido dormir más. Se duerme tomando el pecho, pero cuando quiero dejarla en su cama se vuelve a despertar. Imposible despegarla de mí. No he podido tender la ropa, ni lavar las cazuelas ni hacer un poco de limpieza como había previsto. Quería llamar a algunas amigas que todavía no saben que he tenido una hija, quería escuchar la radio para volverme a conectar con el mundo, probarme la ropa que tenía antes del embarazo para ver si ya me va bien. Pero no logro marcar ni un solo número de teléfono. Por lo tanto, no vale la pena ni pensar en salir o hacer compras. Creo que Simón se encargará de eso.

Le había prometido que pensaría en cómo anunciar la noticia lo más alegremente posible. Pero esto lo veremos mañana o pasado mañana... ¡Con la condición de que Clara quiera dormir en su cama! Hoy, mi bebé ha sido una verdadera lapa y me pregunto ¡qué voy a poder hacer si he de tenerla en mis brazos todo el día!

PECHOS TENSOS Y DOLORIDOS
Posiblemente se deba a que están demasiado llenos de leche.

¿La solución? Beber un poco menos, mientras los pechos estén tensos (¡a continuación hay que volver a beber mucho!). Ofrecedle sólo un pecho al bebé cada vez que se alimente; esto estimulará menos la subida de la leche.

Para evitar la obstrucción, podéis apretaros los pechos en la ducha (o encima del lavabo, con dos manoplas) para vaciar un poco los pechos antes de amamantar.

Finalmente, cuando una parte de los pechos esté dolorida, masajeadla mientras dais el pecho: este movimiento, que debe ser tónico para ser eficaz, favorecerá el «vaciado» de la zona obstruida.

UNA COMADRONA EN CASA
La estancia en la maternidad tiene la tendencia a acortarse cada vez más, y si todo va bien a las jóvenes mamás se les anima vivamente a salir al cabo de unos tres días.

Pero para no dejarlas a su suerte: en muchas zonas de España las mamás que hayan tenido dificultades en el parto o cuyo hijo haya nacido por debajo del peso ideal, una vez regresan a casa, podrán ser visitadas a domicilio, durante unos días, por enfermeras o puericultoras.

Ay, ¡mamá está en casa!

Ayer por la noche ya no pude más. He llamado a mi madre para que venga a ayudarme. Me sentía incapaz de volver a pasar un día como ayer. Mi madre esperaba que le pidiera que me echara una mano. Por teléfono me ha dicho que no se atrevía a molestarnos, pero como se lo he pedido, vendrá con mucho gusto. ¡Ay! ¡Qué vivaracha es mi mamá! ¡Mi padre habrá tenido que discutir con ella para hacerle prometer que no se presentaría en nuestra casa sin avisar! Finalmente ha aceptado venir sin reprocharme no haberla llamado antes.

Su llegada me ha permitido asomar la nariz a la calle. Y esto me ha sentado muy bien. Llovía a cántaros, ¡pero qué felicidad y qué sensación de libertad poder salir sola para ir a comprar el pan y un paquete de pañales! En casa he llegado a pensar que mamá me iba a volver loca. Al mediodía quería hacerme comer hígado de ternera (¡lo detesto!) con el pretexto de que «va muy bien durante la lactancia». Todo el día he tenido que oír, en cuanto Clara hacía alguna cosa, que «tiene hambre», «tiene frío», «tiene calor», «hace falta cambiarla»... «¿Estás segura de que tienes suficiente leche?» «¿Estás segura de que tu leche es buena? ¿Cómo, no lo sabes? ¿No le has preguntado al pediatra?» «¿Por qué acuestas a Clara boca arriba? ¡Yo siempre te acostaba boca abajo!» Adoro a mi madre, pero va muy estresada: habla, hace muchas preguntas... ¡Cuánto me cansa! Al final, ¡mucho más que Clara!

Cuando Simón ha vuelto y finalmente he podido respirar, ya que mamá se ha ido para poder dejarnos solos (¡lo que es muy amable por su parte!). Al irse me ha dado incluso una buena idea: «¡En lugar de coger a la pequeña en brazos todo el día, deberías comprarte un portabebés y así podrás llevar a Clara contigo y tener las manos libres!». No es una idea tonta, ¿verdad?

SE ARAÑA LA CARA, ¿LE CORTO LAS UÑAS?

Incluso siendo finas y blandas las uñas de los bebés están lo suficientemente puntiagudas como para que arañen.

Normalmente, no hace falta cortarlas antes de las cuatro semanas. Sin embargo, para evitar que el bebé se arañe, se le pueden poner guantes. Pero en pleno verano, hace falta que sean de algodón y eso no es tan fácil. Ciertamente, se le pueden poner de lana, pero el bebé puede pasar calor...

Queda la operación manicura: esperamos a que el bebé se duerma para limarle las uñas muy suavemente con el dorso de la lima (no el lado rojo). Y las alisamos con la yema de los dedos. Lleva su tiempo y no es muy divertido, ¡pero hace falta!

A partir del mes se pueden utilizar las tijeras especiales (de venta en farmacias o en tiendas de puericultura): gracias a una ranura especial permiten cortar las uñas sin riesgo de lastimar al bebé.

EL BIBERÓN: ¡ES MUY SIMPLE!

Preparar un biberón es fácil, sólo hace falta tener todos los ingredientes a mano y conocer el B-A-BA.

–El agua: normalmente, en España, el agua del grifo es potable (a menos que las autoridades hayan estipulado lo contrario por razones de contaminación regional, por ejemplo). A veces, ésta es muy calcárea, lo que puede hacer grumos con el polvo. Se pueden utilizar aguas de fuente con la condición de que éstas sean de mineralización baja (mirad en la etiqueta, debe decir algo así como «adecuada para la alimentación de los bebés»). Ciertas aguas están desaconsejadas a menos que el médico las recomiende en caso de estreñimiento.

–La leche: si el bebé necesita una leche especial (para prematuros, hipoalergénica, espesada...) ya lo dirá el pediatra. Si no, la leche de primera edad hasta los cuatro meses sirve para todos. Poco importa la marca, podemos comprar la de nuestro supermercado habitual.

–La temperatura: ambiente o a 37° C... Según las preferencias del bebé, pero nunca se la daremos recién sacada de la nevera. Por lo tanto, controlamos la temperatura de la leche, con el dorso de la mano, antes de dársela.

Ha querido besar a Clara... ¡en la boca!

Hoy ha sido el turno de mi suegra para venir a casa. «No hay que ponerse celosa», me ha dicho Simón. Pero apenas llegar ha besado a Clara en la boca. ¿Estaba soñando? La pequeña boca de mi Clara y su gran boca... ¿De dónde viene esta idea de besar a un bebé en la boca? ¡Un bebé! Es un riesgo para transmitirle microbios. Cierto, Clara está protegida con mis anticuerpos, pero, ¡por favor! Además, no quiero que mi suegra tenga esa costumbre. Siempre he encontrado esto desagradable por parte de los padres, y aún más por parte de los abuelos... Cuando le he pedido que no lo hiciera más, me ha dicho que ella siempre lo había hecho con sus hijos y que no veía nada malo en hacerlo. Por suerte, ha añadido que no quería hacer ningún drama y que se contentaría con lo que Simón y yo le dijéramos. Pero ha vuelto a repetir que ella siempre había besado a sus hijos en la boca y que éstos no habían estado más enfermos que los demás.

Cuando Simón ha llamado a casa para hablar con su madre, ella ha vuelto a sacar el mismo tema. Yo no he dicho nada y he pensado que ella se iría cuando Simón llegara. ¡Pero no! ¡Se ha quedado a cenar! Y cuando se iba he oído que en la puerta le decía a Simón: «No hay nada de malo en besar a los niños en la boca». He preferido callarme. Yo podría haber sido más diplomática pero creo que ella debería ser más delicada. Espero que esta historia no deje huellas en nuestra relación ya mediocre. Simón tendrá que ser bien claro para que ella no tome iniciativas que nos desagraden. Siento que va a ser complicado. De todas maneras, me he prometido que la próxima vez que tenga necesidad de ayuda ¡llamaré a mis amigas!

Clara está protegida con mis anticuerpos, pero, ¡por favor!

SU HABITACIÓN: UN PEQUEÑO Y DELICADO NIDO

Sin duda ya tenéis la cama con barrotes (con el sello de calidad europeo o español). Si habéis recuperado el de vuestra infancia o habéis encontrado una cama *retro*, comprad un colchón con las dimensiones exactas de la cama, ya que si hay algún hueco (aunque sea mínimo) entre los barrotes y el colchón existe algún riesgo de hundimiento, incluso si lo intentamos rellenar con ropa (aparte de que daría demasiado calor).

Para decorar la cama, juguetes de esponja y algodón. Peluches no, ya que son un nido de ácaros. Además, a veces los peluches pierden pelos ¡y estos pueden entrar en la nariz o en la boca del bebé! También evitaremos los muñecos grandes, ya que el bebé podría sofocarse con ellos.

Sin duda, también tenéis la indispensable tabla de planchar que se pliega sobre la cómoda.

¿El objeto práctico que debéis conseguir? Un plástico con bolsillos del tipo para CD, dentro de los cuales podamos guardar muchas cosas como chupetes de recambio, un cepillo para el pelo, tijeras pequeñas, crema protectora para las nalgas... En resumen, ¡objetos de uso cotidiano que mejor tener siempre ante los ojos y a mano! Poned este plástico enfrente de la tabla de planchar y no os arrepentiréis de la inversión (qué, por cierto, ¡es muy modesta!).

EL BIBERÓN: ¿SE ESTERILIZA O NO?

Todo depende de cómo hagamos el biberón:

–Si se prepara con antelación para meterlo en la nevera hasta la hora de la comida, más vale introducirlo en un esterilizador.

–Si se prepara uno a uno, justo antes de dárselo al bebé, es inútil. Sin embargo, inmediatamente después de la comida es muy, muy, muy importante (¡sí, sí, insistimos!) tirar la leche que ha sobrado y lavar bien el biberón, el manguito y la tetina. Con una escobilla limpiamos bien el fondo del biberón y giramos la tetina para limpiarla interiormente. De lo contrario, microbios y bacterias pulularán en el interior de las partículas de leche. A continuación podemos meterlo todo en el lavavajillas o pasarlo por agua hirviendo (manipulando con unas pinzas para no quemarnos).

Sus ojos azules decían «mamá».

Clara me ha mirado por primera vez

Clara me ha mirado por primera vez. Ha fijado su mirada en mí, sus ojos sobre los míos. Estaba acostada en nuestra cama y yo acababa de cambiarle el pañal explicándole que ahora se sentiría mucho mejor, puesto que sus nalgas estarían totalmente secas. Y es ahí, cuando sus ojos han penetrado los míos. ¡Estoy segura de que no ha sido una casualidad! Habitualmente veo claramente que su mirada está desenfocada. Da la impresión de que se fija en algo en concreto pero de hecho no mira nada. Pero ahí, me ha mirado. Estoy requetesegura. Y con la intención de hacerlo. Me ha mirado porque tenía ganas de mirarme. Porque me reconoce. Porque sabe que soy su mamá.

Ha sido muy emotivo, mágico. El edificio podía haberse derrumbado a nuestro alrededor y yo no me hubiera movido para poder prolongar ese momento mágico y maravilloso. Por primera vez desde que nació he sentido una verdadera ráfaga de amor. Me ha transportado: sus ojos azules me decían «mamá». Eran tiernos y me sonreían. De repente lo he olvidado todo: las noches en blanco, los gritos estridentes, los lloros que se duplican cuando intento meterla en la cama, mis pechos doloridos, las groserías matinales con las que sueño... Todo este berenjenal se ha evaporado. ¿Qué representa todo esto frente a la mirada de Clara? Como diría mi madre: «¡Son cacahuetes!».

Creo que por primera vez después de su nacimiento le he dicho que la amaba. Después de esto, la he llevado en el portabebés todo el día y, por primera vez, con una gran alegría. ¡Bueno, no es muy práctico para tender la ropa, pero estoy muy contenta y orgullosa de mi hija!

EL ERITEMA TÓXICO, BENIGNO

He aquí una gran palabra, bastante inquietante, para designar una pequeña roncha totalmente benigna.

–Ésta puede aparecer desde el nacimiento hasta el final del primer mes: grandes placas rojas salpicadas con pequeños puntos blancos de algunos milímetros que se manifiestan en cualquier parte del cuerpo. Éstas parecen estar infectadas, pero en realidad no lo están para nada.

–Por cierto, se secan rápidamente. Esta erupción es más frecuente en bebés que han tenido ictericia al nacer y que, para tratarlos, han sido expuestos a los rayos UVA.

–Por suerte, las placas desaparecen espontáneamente y no vuelven a surgir más. No es nada grave y no necesita tratamiento alguno. En pieles oscuras, la erupción puede dejar algunas manchas moradas que desaparecen en algunas semanas. Algunas veces estas manchas están presentes ya en el momento de nacer; esto quiere decir que el bebé ha tenido un eritema en el vientre de su madre.

¡QUÉ BUENO ES SER ACUNADO!

¡Sí, los bebés adoran ser acunados! El balanceo los tranquiliza. Les ayuda a dormirse sobre todo si están en brazos acogedores y se les canta una canción. Este balanceo les recuerda el ritmo maternal, cuando estaban todavía en el vientre.

A veces, se dice que exageran: Al escucharlos (o, mejor dicho, ¡al escuchar sus lloros en el momento de ponerlos en la cama!), haría falta acunarlos durante todo el día. Pero para ellos, como para nosotros, éste es un momento de fusión y de felicidad que no durará mucho tiempo y del que nos acordaremos más tarde con nostalgia. El portabebés, de espalda o frontal, permite tener al bebé con nosotros y nos permite hacer nuestras labores. Para la casa, también podemos tener una cuna tradicional o un capazo (atención: igualmente asegúrate de que su cabeza permanezca recta). Pero lo más importante es acunar al bebé con seguridad, es decir, vigilar que su cabeza esté bien sostenida durante los tres primeros meses.

Isabel no tiene ni idea de lo que una siente tras dar a luz.

Mis amigas desembarcan

"Esta mañana, Isabel y Flor, mis dos antiguas amigas, han llegado con cruasanes. Se han quedado todo el día. Primero, hemos tomado un buen café y, luego, se han extasiado con Clara, que estaba durmiendo. Me puse superorgullosa. Pero como es habitual Isabel ha encontrado la manera de ponerme nerviosa: ha comenzado a decir que la pequeña dormía muy bien y que no entendía por qué me quejaba diciendo que a veces estaba al límite de mis fuerzas... Tenía ganas de decirle que ya hablaríamos el día que ella tuviera un bebé. Pero me he retenido, ya que, para empezar, ¡primero necesitaría encontrar al padre!

Quiero mucho a Isabel, pero a veces dice cosas fuera de lugar. Por ejemplo, me ha preguntado cómo nos iba en la cama a Simón y a mí después de que Clara naciera. Como si pensara en eso tras la episiotomía. Pero ahí tampoco he querido amargarme: no tiene ni idea de lo que una siente después de dar a luz. Siempre con delicadeza, también me ha dicho que, según las estadísticas, muchos hombres engañan a sus mujeres o las dejan en los primeros meses tras el parto. Estaba a punto de decirle si creía que eso era oportuno cuando Flor ha sacado un libro que ella adoraba y que me había prometido que me iba a prestar. De repente, hemos empezado a hablar sobre él.

Después, Clara se ha despertado y le he dado el pecho. En ese momento, ellas se han fundido: las dos me han confesado que esa imagen de amamantar les transmitía un aire de vejez (¿hace falta decir que nos conocemos desde hace muchos años?), pero que lo encontraban genial. Isabel me ha dicho si podía coger a Clara en brazos. Y en todo el día no la ha dejado, salvo para pasármela cuando la pequeña tenía hambre. Cuando se han despedido para ir al cine, me ha dado un pinchazo en el corazón; me hubiera encantado poder salir con Clara, pero era la hora de dar el pecho. ¡Y Simón aún no había llegado!"

DAR EL PECHO: ¿CUÁNDO LO PIDA O A HORAS DETERMINADAS?

Al principio de la lactancia, puede pasar que una no tenga mucha leche. Entonces podría ocurrir que el bebé quiera leche de manera encadenada, ya que la ración de leche ingerida no le es suficiente y tendrá de nuevo hambre al cabo de dos horas y media. En estos casos es bueno responder a su demanda. Así una también se ahorra muchos llantos. Además, estos plazos tan cortos entre comidas también parecen decir a nuestros pechos: «¡fabricad más leche, el bebé la necesita!». Y el efecto a menudo es milagroso: cuanto más mama el bebé, más leche tienes.

Sin embargo, es importante que el bebé tenga su tiempo para digerir. De lo contrario, se entra en un círculo vicioso: el pequeño bebe mientras su estómago todavía está medio lleno. En ese caso, el bebé se contenta con media ración y al cabo de una hora y media pide de nuevo otra. ¡Si entramos en esta cadena no saldremos! Y con doce o quince veces para dar el pecho al día, una corre el riesgo de estar muy cansada para producir leche. Daremos según la demanda, el tiempo y la cantidad de leche. Y, a continuación, esperemos unas dos horas y media entre el final de una comida y el principio de la siguiente.

EN LA CAMITA, ¡BOCA ARRIBA!

Durante años los bebés han sido acostados boca abajo, lo que no les ha impedido crecer. Hoy en día, sin embargo, los profesionales de los niños son unánimes: el número de muertes súbitas de recién nacidos se ha dividido entre cuatro ¡desde que se les hizo dar una vuelta de 180 grados en la cama!

Por lo tanto, incluso si las madres, las suegras, los papás o las abuelas repiten que ellas o ellos siempre han acostado a sus hijos boca abajo y que todo eso son historias y modas y que mañana se cambiarán otra vez, más vale evitar tomar riesgos. Confiemos en los especialistas y en sus estadísticas: en la cama, ¡sólo pondremos a los bebés boca arriba!

> ¡Me ha dicho que ya estaba harto de que lo tratara como a un padre inútil!

Simón me irrita, ¡no lo hace como yo quiero!

"Simón me pone nerviosa. No cuida bien a Clara. Todavía no ha comprendido que debe dejar salir los pequeños pliegues del pañal, a nivel de los elásticos, alrededor de los muslos. Es más cómodo para la pequeña y puede evitar fugas. De todas maneras, ¿es importante? ¡Pues no! ¡Al menos para Simón! Él pone el pañal y ya está. Le he enseñado al menos quince veces cómo se debe hacer.

Este mediodía he explotado. Le he preguntado si estaba sordo, ya que no comprende nada de lo que le digo. ¡Quizás fui un poco dura! De repente, ¡él también ha explotado! Ha asegurado que desde que nació Clara nunca estoy contenta, ¡que siempre le hago reproches por cualquier cosa! Y que nunca le dejo ocuparse de su hija como él quiere. Cree que me comporto como si yo fuera la única en saber cómo hacer las cosas. Parece ser que anteayer por la noche le monté un espectáculo porque no trajo la marca correcta de pañales. Francamente, ¡está exagerando! Me acuerdo perfectamente de que no trajo los pañales correctos, pero simplemente se lo hice saber. No he montado ninguna historia. O al menos, ya no me acuerdo.

No sé qué le pasa en este momento, ¡tiene los pelos de punta! Me ha dicho que ya tenía bastante de que lo tratara como a un padre inútil, incapaz de ocuparse de su hija. Pero no le entiendo. Eso no es lo que yo pienso, para nada. Al contrario, creo que es muy bueno con Clara, sólo un poco negligente en ciertas cosas materiales. Pero igualmente adorable. Hemos discutido tan violentamente que ha dado un portazo y se ha ido a dar una vuelta. ¡Y todo esto por una historia de pañales!"

¿HECES LÍQUIDAS O DIARREA?

Los bebés alimentados con el pecho hacen caca muy a menudo (los pediatras hablan de *heces*). La mayor parte del tiempo, desde que han acabado de tomar el pecho, no haces otra cosa que cambiarle los pañales.

Muy a menudo las heces son tan líquidas que uno tiene la impresión de que se trata de diarrea. Además, los mismos profesionales lo reconocen: tienen dificultades para ver la diferencia entre las heces normales de un bebé alimentado con el pecho y las de un bebé que efectivamente sufre de diarrea. Sin embargo, ¡no es lo mismo!

Las heces líquidas no tienen importancia, mientras que las diarreas pueden ser el síntoma de una enfermedad y pueden causar deshidratación lo que sabemos que puede ser peligroso para un bebé. ¿Qué hay que hacer para saber si tenemos que consultar rápidamente o no? ¡Fácil! Pesamos al recién nacido. No en cada comida, claro, pero de forma regular: una vez a la semana, o más, si tenemos alguna duda. Si el bebé va engordando bien (¡lo que es más frecuente!) es que todo va bien. En cambio, si su peso se estanca o, peor aún, disminuye, consultad pronto al médico.

A FAVOR O EN CONTRA DEL CHUPETE

Algunos bebés necesitan alimentarse mucho: los apacigua cuando tienen estrés. Les ayuda a dormir o a tener paciencia mientras esperan el biberón. Antes de los dos o tres meses no se meten el pulgar o el puño en la boca. Por lo tanto, de momento tienen el chupete.

–Algunos padres están convencidos de que no es normal meter un cuerpo extraño en la boca de un bebé. ¡Es cierto! Pero con el uso, nos damos cuenta de que el chupete calma los nervios de toda la casa cuando el pequeño para de gritar porque lo está utilizando felizmente.

–Otros padres piensan que el chupete es un mal menor, ya que permite evitar el dedo pulgar. ¡Pues no! Si un día el bebé tiene ganas de dejar su chupete y meterse el pulgar en la boca, ¡nada ni nadie se lo podrá impedir! Quedan los cuatro o cinco meses en los que el bebé tiene problemas para mantener el chupete en la boca, sobre todo mientras duerme; los bebés más crecidos se despiertan en cuanto lo pierden. Y, entonces, ¡las noches pueden volverse infernales! ¿La solución? Intentad independizar al bebé de su chupete alrededor de los tres meses, antes de que crezca más. A esa edad, ya podrá utilizar el puño o el pulgar por sí mismo.

DIARIO DE SIMÓN
Cuando los chicos ronden a mi hija...

No sé por qué no esperaba tener una hija. Quizás porque yo soy un hombre. ¡Esto es idiota! Las mujeres hacen bien a los chicos. De hecho, ¡creo que me da pánico el hecho de ser padre de una hija. Sólo pensarlo ya oigo el ruido de los ciclomotores dando vueltas delante de la casa, cuando los chicos vengan a buscarla para salir. ¡Y esta idea de que ella salga un día con chicos no me gusta mucho! El tipo que venga a buscarla... hará falta conocerlo. Y conocer también a sus padres.

Además, no quiero que mi hija se suba en los ciclomotores. Yo ya sé lo que pasa. Yo llevé a chicas montadas en mi ciclomotor. ¡Incluso truqué el motor para correr más! Uno va sin cuidado para hacerse el duro; se salta los *stops* dándoselas de cabecilla... y ahí, ¡pasa o se rompe! De acuerdo, yo lo he hecho, pero no estoy orgulloso de ello y no quiero que un chico, igual de inconsciente que yo a su edad, haga lo mismo con mi hija.

Y yo sé lo que hay en las cabezas de los chicos. No se cortarán al imaginarse cosas con mi pequeña Clara. De todas maneras, estoy seguro de que ella preferirá los estudios. Si sale con un chico, los seguiré a escondidas para ver lo que hacen. Y si el chico hace algún gesto torcido lo cogeré de sopetón y lo llevaré a su casa. Les diré algunas palabras a sus padres para enseñarles cómo debe tratarse a una joven. ¡No, estoy delirando completamente! Tengo que calmarme, si no voy a ser un padre insoportable. Pero ¿cómo lo voy a hacer para soportar a todos esos chicos que merodearán alrededor de mi hija?

UNA PIEL PELADA

A menudo empieza por los pies y por las manos: la piel sale a veces a tiras. Y sigue la del resto del cuerpo, ¡aunque sea menos espectacular que en otras zonas del cuerpo! Entonces, francamente, ¡uno se pregunta qué está pasando! En realidad, nada grave: es normal y todavía más si el bebé ha nacido a tiempo. Además, esto llega espontáneamente.

–Esto no quiere decir que más tarde vaya a tener la piel seca o ¡qué tendrá eccemas! Sin embargo, podemos pasarle una crema «especial para bebés» por el cuerpo después del baño, por ejemplo.

–El hecho de pelarlos no cambiará nada, pero tendremos la impresión de hacer algo por el bebé. Y los pequeños adoran que los mimen, eso los apacigua y nos da la ocasión de dar unos buenos cariños.

¿POR QUÉ SOSTENER BIEN SU CABEZA?

Es imperativo sostener la cabeza del pequeño hasta que tenga al menos tres meses. ¿Por qué?

–Simplemente porque para él requiere un gran esfuerzo sostener solo su cabeza: proporcionalmente su cabeza es muy grande en comparación con el resto del cuerpo. Todavía no tiene la fuerza necesaria en los músculos del cuello y de la espalda.

–Tenemos la tendencia a pensar que, sobre todo, hace falta poner atención a las fontanelas, pero debe protegerse la totalidad del cráneo: es como una caja rígida dentro de la cual se encuentra el cerebro (un órgano relativamente blando) y los vasos sanguíneos. En el peor de los casos, si la cabeza del bebé se moviera muy, muy violentamente, sus vasos correrían el riesgo de romperse, lo que podría provocar una hemorragia interna, lesiones cerebrales mortales o irreversibles con el resultado de minusvalías... Conclusión: nunca deberemos sacudir a un bebé (aunque se haya quedado inconsciente como resultado de una caída, por ejemplo) ni hacerle saltar en el aire aunque eso le divierta. Sin embargo, en las primeras consultas, el médico puede dejar de sostener voluntariamente la cabeza del pequeño. No hay que inquietarse: justamente quiere asegurarse de que el bebé va adquiriendo, poco a poco, fuerza en el cuello y en la espalda.

Pero puedo seguir con el chocolate, tiene mucho magnesio...

Sueño con mi cuerpo de antes...

"¡Hace doce días que Clara nació y sigo igual de gorda! Es fácil: no logro entrar en mis tejanos. ¡Es imposible cerrar los botones! Pero cuando salí de la maternidad había perdido 11 kilos de los 23 que gané con el embarazo. Me decía que a ese ritmo de 11 kg en cuatro días, ya no habría ni huella de mi gordura en 10 días. Pero desde que llegué a casa no he perdido nada. Cada vez que me miro al espejo al salir de la ducha, tengo ganas de llorar. Mi vientre arrugado y blando, mis bragas de caballo... no se van. De acuerdo, gané mucho peso porque no ponía mucha atención cuando estaba embarazada, ¡pero tenía tanta hambre! Ahora, ¡mira el resultado!

Simón dice que debo ser paciente. Según él, hacen falta nueve meses para recobrar el peso anterior. ¡Nueve! ¡Está loco! ¡Una eternidad! ¿Cómo me voy a vestir mientras tanto? ¡Tendré que cambiar mi guardarropa! Porque ahora no tengo nada que ponerme, aparte de mis trapos de embarazada. Pero llevar ropa de embarazada cuando no lo estás es de locos. Además, estoy harta de estos hábitos: este pantalón, esta falda, estas tres camisetas... no las puedo ver ni en pintura, me las he puesto demasiado. Está decidido. Me doy un mes. Si no he recuperado mi línea de entonces, ¡será la cocina al vapor! Además, no me puedo poner a régimen porque estoy dando el pecho. Mejor esperaré a que deje de alimentar a Clara con mi leche. Pero he leído que dando el pecho una encontraba más rápidamente su línea...

Bueno, prometido, a partir de mañana ya no comeré más caramelos ni pasteles. Ya no me gustan. Salvo con fruta y yogur... Además, le diré a Simón que vaya a hacer las compras sin mí, así no seré tentada. Pero puedo continuar con el chocolate, tiene mucho magnesio. Y el magnesio es bueno cuando una da el pecho, ¿no?"

PEZONES DE COMPETICIÓN

Al comienzo de la lactancia los pezones son sometidos a una dura prueba. Para evitar grietas y dar el pecho con toda tranquilidad, es mejor tomar algunas precauciones durante los primeros días.

–**Verificar** que el bebé toma bien todo el pezón.

–**No dejarle mucho tiempo** ni muy a menudo en el pecho: una media hora como máximo por cada vez. Es decir unos 30 minutos con un solo pecho o 15 minutos con cada pecho (probad la mitad si sentís dolor).

–**Evitad los roces y la humedad:** podemos comprar unas protecciones especiales para la lactancia (de venta en grandes superficies, en tiendas de puericultura o en farmacias) y nos prohibimos el uso de almohadillas de algodón.

–**En nuestra casa,** también podemos dejar nuestro pecho al descubierto. ¡Y de aquí a tres semanas tendremos pezones de hormigón!

¿MI BEBÉ DUERME DEMASIADO?

Aunque sean una minoría, hay bebés que duermen mucho y lo podemos constatar desde el momento en que nacen: entre los bebés, como entre los adultos, hay quienes duermen más y otros menos. Generalmente, no hay por qué inquietarse, significa que estos bebés son serenos y que satisfacen una necesidad esencial, que es dormir.

–**A los únicos que no debemos quitarles el ojo de encima** son a aquellos que dejan pasar mucho tiempo entre toma y toma de pecho antes de incrementar su peso de nacimiento. Es importante pesarlos para verificar que van creciendo.

–**Y luego están aquellos que, de repente, se ponen a dormir mucho.** Entonces, cuidado... Hay que verificar si tienen fiebre y si se comportan de forma natural cuando se despiertan, si el bebé llora y está somnoliento cuando no está durmiendo, si lo encontramos raro (si nos decimos: «Mira, no está como siempre...»). En este último caso habrá que ir a consultar al médico el mismo día. Si hace falta ve a urgencias para constatar que no se trate de un problema neurológico (algo, por suerte, bastante raro).

Primera visita al pediatra

¡Estoy furiosa! Vengo del pediatra. Ha sido la primera visita. Una visita de presentación. Había pedido hora, siguiendo los consejos de mi amiga Ingrid, para conocernos. Durante la consulta todo ha ido muy bien. La pediatra le ha hablado a Clara, la ha pesado, la ha medido (por cierto, tengo que llamar a mi madre para decirle que mi leche es muy nutritiva). Hemos hablado del parto, de la lactancia, ha mirado cómo le daba el pecho... Y a continuación la visita ha terminado.

Y ahí, en tres movimientos, me he encontrado fuera de la consulta, con Clara medio vestida en uno de mis brazos, mi bolso abierto y la tarjeta sanitaria en la mano... Realmente he tenido la sensación de que me daban puerta. Por un lado lo entiendo: la visita ha durado casi media hora y la sala de espera estaba llena de gente. Pero me imagino lo que será en invierno: ¡cuando salga de la consulta con Clara, su abrigo, su gorro y su bufanda en los brazos!

Por suerte, en la sala de espera he visto una mesa donde poder vestir a Clara. ¡Vaya! Al volver a casa he llamado a mi prima, que es pediatra, y le he preguntado si todo esto era normal. Ella ha explotado a reír y me ha dicho textualmente: «¡Por supuesto que es normal! Pero no te inquietes: ahí estabas un poco patosa para vestir a Clara porque todavía no estás acostumbrada. Pero cuando te acostumbres, serás capaz de vestir a tu hija mientras la pediatra va haciendo la prescripción e incluso serás capaz de hacerle preguntas haciendo los nudos de los zapatos de tu pequeña». Por lo tanto ¡todo va bien!

He tenido la sensación de que me daban puerta.

ELLA DUERME CON NOSOTROS

Los bebés aman el contacto: cuando duermen en su cuna a menudo los encontramos pegados a un lado o contra uno de sus muñecos. Evidentemente, adoran dormir pegados a papá y mamá.

—**El quid de la cuestión: ¡la seguridad!** Hay estudios que afirman que hay más riesgo de muerta súbita si los recién nacidos duermen con sus padres. El peligro que corren: una sofocación causada por el edredón o las mantas, el movimiento de los padres durante el sueño o el humo del cigarrillo si se fuma en la habitación.

—**Conclusión: ¡no dormir con el bebé!** Sin embargo, cuando se le da el pecho por la noche, no es difícil quedarse dormida con el bebé en la cama. Entonces, más vale tomar el máximo de precauciones: no fumar en la habitación, mejor las sábanas que las mantas, evitemos los edredones, pongamos bien al bebé del lado de la pared para evitar que pueda caerse si se mueve mientras duerme. Algunas personas también predicen problemas psicológicos en bebés que duermen con sus padres. Sus argumentos: «Es malsano, algo incestuoso, ya que la cama de los padres es el lugar donde se ejerce la sexualidad parental...». Francamente, ¿realmente creéis que antes de los trece años este tipo de consideraciones se pueden tener en cuenta?

LA CURVA DEL PESO REMONTA

Todos los bebés pierden peso durante las 48 horas después de nacer. Generalmente, empiezan a ganar peso entre el segundo y el quinto día de vida. Y, habitualmente, no salen de la maternidad mientras esta ganancia de peso no aparezca.

De vuelta a casa, es necesario ver si el bebé come suficiente. Cuando lo alimentamos con biberón es fácil, sabemos lo que toma casi al mililitro. Por lo tanto, a menos que vomite, estamos seguros de que engordará. Pero cuando lo alimentamos con el pecho es difícil llevar un control. Es inútil fiarse de su calma pensando que ya está satisfecho. Aunque sea así la mayoría de las veces, también puede pasar que los pequeños tengan hambre y no reclamen, ya que llorar les exige mucho esfuerzo. La solución más fiable: pesarlos.

No pesar al bebé antes o después de las comidas (como lo hacían nuestras madres), ¡es demasiado estresante! Alrededor de los 13 días vamos al Centro de Atención Primaria (CAP) y allí nos aseguramos de que el bebé haya recuperado (hay un mínimo) o superado su peso de nacimiento.

Me tomaría una copita de cava

Esta noche nos han invitado a casa de unos amigos para celebrar el cumpleaños de Clara. Cuando le he dicho a Simón que estaba muy contenta porque íbamos a brindar por el nacimiento de Clara, me ha montado una escena increíble: para él, está prohibido beber alcohol mientras yo esté de lactancia. Ni un poco de cava siquiera. ¡Creo que ahí se pasa! No he bebido nada durante nueve meses. Comprendí bien el mensaje de la comadrona, que decía que si yo bebía una cerveza el feto la bebía también. Pero ahora ya está, se acabó.

De acuerdo, pueden transmitirse muchas cosas a través de mi leche. Pero al menos contaba con permitirme una copa. Simón se ha puesto a navegar por internet y me ha sacado estudios de las consecuencias del alcohol en niños durante la lactancia. La conclusión es clara: durante la lactancia se debe tener la misma higiene de vida que durante el embarazo. Así pues, ni una sola gota de alcohol. Dicho esto, me he acordado muy bien de Ingrid, quien, en la boda de una pareja de amigos, bebió una copa de cava y estaba dándole el pecho a su hija. Ahora la niña tiene cuatro años y está muy bien. Pero puede ser que Ingrid no conociera los efectos del alcohol en los recién nacidos. Mientras que yo ya lo sé todo desde que Simón me ha puesto esos estudios en los morros. Me avergonzaré de mí si pongo los labios en una copa de cava.

Pero como yo no puedo beber, tampoco Simón puede. ¡Es normal! Después de todo cuando Ingrid estaba embarazada y dejó de fumar, su marido lo dejó también. Por lo tanto, Simón debe solidarizarse conmigo. Aunque él no le dé pecho... pero conduce. ¡Y esta última también es una buena razón para no beber!

Porque yo no puedo beber ¡y Simón tampoco!

HOLA, DOCTOR, ESTOY INQUIETA...

Con un recién nacido, se tiene un poco la tendencia a pensar que el menor problema es un gran problema. Uno se angustia rápidamente y se pregunta si no debería ir a consultar un médico de urgencias. Pero dudamos en llamar al médico por temor a irritarlo... ¡Alto! No tergiversemos más.

–**El pediatra está acostumbrado a las mamás jóvenes.** Él sabe que con el primer bebé, las mamás se estresan durante las primera semanas. Pero también sabe que esto no durará mucho. Así que es comprensivo.

–**Entonces, si uno está inquieto, descolgamos el teléfono** para explicar nuestro problema: si es un tema relacionado con la lactancia, por ejemplo, el hecho de llamar rápidamente y poder seguir consejos puede permitirnos dar el pecho en buenas condiciones.

–**Si el bebé llora mucho y es necesaria una consulta,** escoge los mejores momentos del día (a primera hora de la mañana o a mediodía) para evitar, lo máximo posible, las salas de espera repletas de niños tosiendo. Sin duda la consulta confirmará que todo va bien. ¡Mucho mejor! También servirá para dar respuesta a las preguntas que nos planteábamos, de relajarnos con el bebé en el mismo momento. Por cierto, ¿puede ser que llorara tanto porque notaba nuestra inquietud?

UNA HABITACIÓN CÁLIDA, PERO NO DEMASIADO

19° C: Es la temperatura ideal de una habitación de bebé. Esto parece un poco frío para los adultos, pero ése no es el tema.

–**Estos 19° C no son un antojo decretado arbitrariamente.** Se aconsejan desde la lucha contra la muerte súbita de recién nacidos.

–**Para estar seguros de que la habitación está a una buena temperatura,** podemos poner un termómetro en ella. Si el bebé se despierta con las manos frías, ¡que no cunda el pánico! Es bastante normal. Pero si creemos que puede estar enfermo, podemos tomarle la temperatura al despertarse. ¿Si tiene 36,1° C? ¡Es poco! La noche siguiente lo cubrimos un poco mejor, sin subir el termostato de la calefacción. Si el pequeño tiene 37,2° C, es algo excesivo: ahí lo destapamos un poco la siguiente noche. Rápidamente, nos habituaremos a la atmósfera de 19° C de su habitación. Y no tendremos necesidad de sacar el termómetro cada mañana para asegurarnos.

¡Detesto los apodos!

> Me ha intentado explicar que poner un apodo era un gesto afectuoso.

Hoy he visto a Ángela, una de mis primas. No nos vemos muy a menudo ya que no vive muy cerca, pero siempre estoy contenta de verla, porque siempre me cuenta alguna anécdota divertida. Aunque a veces dice cosas raras. Ha sido a mediodía, ¡ha llamado a Clara «la Clarina»! De repente, ¡he hecho «glups», porque detesto los apodos! Cuando yo era niña, ¡me horrorizaba que me llamaran «Lolo»!

Por eso le puse un nombre corto a mi hija, para evitar que alguien tuviera la tentación de ponerle un apodo. ¡Pero esto no ha funcionado! ¡Clarina! Cuando le he dicho a Ángela que no la llamara así, se ha sorprendido. No sólo no ha comprendido mi reacción, sino que, además, ha intentado explicarme que poner un apodo era un gesto afectuoso, una manera decirle a alguien que lo amas y que te sientes cerca de él o de ella. Ángela incluso me ha asegurado que le encantaba que la llamaran «An» (salvo en el trabajo, ¡claro!) y con más razón, porque el apodo venía de su madre; y esto le recuerda su infancia. Además, cuando su padre la llamaba Ángela en lugar de «An» quería decir que alguna cosa no iba bien; cuando era niña sabía que entonces iba a recibir una reprimenda. En resumen, me ha hecho apología del apodo durante una hora. Y yo no he tenido argumentos para refutarla. En ese momento estaba tan cansada que no tenía energía. De golpe, he asentido con la cabeza diciéndole que quizás tenga razón. Al menos, hemos cerrado el debate. Pero no ha cambiado nada de lo que pienso: ¡detesto los apodos!

LA LECHE MATERNA ES SIEMPRE BUENA, SALVO QUE...

—Se tomen medicamentos (ahí es necesario consultar al médico para ver cómo puede combinarse el tratamiento con la lactancia).

—Se beba alcohol, ya que pasa a la leche.

—Se fume mucho. De todas maneras no es terrible fumar por encima de la nariz de un niño.

Si no, ¿qué dicen quienes pretenden lo contrario? ¡Sí, tu leche es buena! Por supuesto, siempre habrá alguien que se preocupe por vuestro bebé diciendo que el bebé llora de hambre o que no parece engordar correctamente. Algunos dirán que vuestra leche carece de vitaminas y que es demasiado clara. Otros os dirán que conocen a una mamá a la que su médico le ha dicho que parara de darle el pecho a su hija porque su leche no era conveniente. ¡Todo esto es falso! ¡En todos los casos!

El problema, cuando hay alguno, no viene nunca de la calidad de la leche materna, sino por su poca cantidad. Para tener más leche, haced que el bebé tome más a menudo. Y si realmente la leche sigue faltando, y el bebé no crece como debiera, consultad a vuestro pediatra. Él os aconsejará seguramente que le deis algunos biberones de leche en polvo. Pero no escuchéis sandeces o... ¿a los celosos?

¿QUIÉN ERES TÚ, MI BEBÉ?

Sumergida en mil tareas cotidianas y poco apasionantes, una olvida con frecuencia observar a su pequeño o pequeña. Qué pena: ¡los niños cambian tan rápido a esa edad!

¿Y si paráramos un poco de fregar los platos, el suelo y planchar para ver a nuestro bebé durmiendo, respirando y abriendo los ojos? No sólo será más agradable que pasar la bayeta, sino que, además, esto será útil cuando el bebé no esté como habitualmente: si él respira mal, por ejemplo, nos daremos cuenta enseguida y seremos capaces de alertar al pediatra dándole indicaciones precisas.

Lo mismo para sus llantos: al escuchar al bebé llorar aprendemos rápidamente a reconocer qué quieren decir sus gritos: «Tengo hambre», «Tengo sueño» o «Mis pañales están sucios»... Igual que antes, cuando haya gritos «no identificados» tendremos enseguida la mosca tras la oreja: el bebé puede tener algo que no marcha bien. ¡Debemos duplicar nuestra atención al observarlo!

¿Cómo se les ocurre traer a un bebé a una cafetería?

¡La gente fuma en todas partes!

Me lo habían dicho, pero no pensaba que fuera para tanto: encontrar un restaurante o una cafetería con un espacio para no fumadores no siempre es fácil. Simón y yo nos hemos relajado a la vez. Después de comer hemos decidido ir a dar un paseo y hacer algunas compras. Clara dormía en el portabebés, enganchada a mí. Y, como es normal, al cabo de un rato he empezado a tener las piernas cargadas.

Clara se ha despertado para comer. Entonces hemos buscado un café donde yo pudiera dar el pecho discretamente. ¡Hemos mirado cinco antes de encontrar el lugar adecuado, ya que ninguno tenía espacio para no fumadores! Yo ya me preparaba para dar el pecho en la calle, ya que Clara tenía mucha hambre, pero Simón al final ha encontrado una cafetería con la parte de abajo vacía. Y sin olor a cigarrillos. Estábamos muy bien instalados los tres cuando otra pareja ha llegado y, nada más sentarse, ¡se han encendido un cigarrillo!

No podía creer lo que veía. ¡Estaban junto a nosotros, por lo que han visto perfectamente que yo tenía a Clara en brazos! Cuando les he pedido que apagaran el cigarrillo, ¡han dado la impresión de haberse dado cuenta de que tenían a un bebé junto a ellos! Y, por supuesto, lo han apagado sin hacer numeritos. Pero cuando nos hemos ido les he oído decir: «¿Cómo se les ocurre traer a un bebé a una cafetería?». Y, entonces, me he dicho que tenían toda la razón: uno no está en un país en el que los bebés sean bienvenidos a los locales públicos. No importa que haya una ley y ésta no se aplique. ¡Aunque no sea normal! Pero ya se darán cuenta cuando un día quieran tener hijos: tendrán ganas de salir de vez en cuando e instalarse en un bar. Y, entonces, ¡no estoy tan segura de que les guste que los demás fumen en la nariz de su bebé!

BABAS O REGURGITACIONES

Hace quince años, los médicos se inquietaban al menor reflujo. Hoy en día, admiten que las regurgitaciones de los recién nacidos son normales: al digerir, el bebé tiene a veces algunos reflejos de leche a la media hora después de comer.

Siempre hay problemas cuando:

–Las regurgitaciones son importantes. El pequeño corre el riesgo de no aprovechar bien su comida y, por lo tanto, no coger peso. En caso de duda dirigirse al centro de atención primaria para pesarlo. A continuación, llamamos al pediatra para pedirle consejo en la consulta.

–Las regurgitaciones son frecuentes (más de 15 por día) y distanciadas de las comidas (al menos media hora después). Los reflujos son ácidos e irritan el esófago. Al final, el bebé se siente mal al tomar la leche y acaba por rechazar el pecho. Antes de que no quiera comer nada, consultaremos al pediatra.

Bueno saberlo: a veces, tenemos la impresión de que el bebé «mastica». Quizás está intentando tragarse un reflujo ácido que pasará desapercibido porque él no lo escupe. Atención si parece tener algún daño, más vale consultar: su esófago puede estar muy irritado.

EL BEBÉ TODAVÍA ESTÁ AMARILLO

Puede pasar que la ictericia no desaparezca totalmente durante la semana después de la salida de la maternidad. Si el bebé está tomando el pecho, probablemente sea ésta la causa de su color (los profesionales dicen que el bebé tiene una «ictericia de la leche materna»). Efectivamente, algunas mamás tienen en su leche una sustancia que evita que el bebé pueda eliminar su ictericia. Nada inquietante mientras sus orinas no sean incoloras y no manchen sus pañales. De la misma manera también debemos vigilar que sus heces no sean incoloras. Si no ocurre esto, lo demás no tendrá mucha importancia. Si tenéis la más mínima duda, pedid hora con el pediatra y él sabrá cómo tranquilizaros y, si fuera necesario, pedirá pruebas para verificar que el bebé no tenga problemas (muy raros) en el hígado.

¡A veces los hombres son raros!

Pascual, el hermano de Simón ha venido a comer a casa. Era la primera vez que él veía a Clara, puesto que acaba de llegar de sus vacaciones en el otro extremo del mundo. Cuando ha llegado, Clara estaba durmiendo. Tenía tanto miedo a despertarla que apenas respiraba cuando se ha asomado a su cuna. Él nos hablaba muy bajo mientras que Simón y yo hablábamos normal. Era divertido verle tomando tantas precauciones. Estaba muy emocionado.

Ha exclamado: «¡Es mi primera sobrina! ¿Te das cuenta, Simón?». Simón ha reído diciéndole que, viéndole en ese estado, se preguntaba cómo iba a estar cuando fuera padre. Entonces he sentido que la tarde iba a ser tormentosa, ya que con Pascual nunca puede sacarse el tema de la paternidad. ¡Simón lo sabe muy bien! Por una razón que se me escapa, su hermano decretó que nunca tendrá hijos. Su argumento es que no quiere «reproducirse»... ¡Como si los hijos fueran clones de los padres! Después de todo, es su opción libre y nunca ha intentado convencernos de hacer lo mismo.

Pero justamente hoy, Pascual ha intentado convencernos de que nadie debería tener hijos. Y ahí, la cena ha degenerado completamente: nos ha dicho que somos unos inconscientes por haber traído un ser humano al mundo, a este planeta que se está calentando. Simón, en lugar de dejarlo pasar le ha replicado que el egoísta era él, que de hecho no quería tener hijos porque no quiere tener obligaciones...

Yo, como era la vigésima vez que presenciaba esta discusión, les he dejado continuar solos y me he ido a dormir. No entenderé nunca por qué discuten así.

Pascual intentó convencernos de que no deberíamos tener hijos.

SUS NALGAS ESTÁN LASTIMADAS

Mientras estaba dentro del vientre, la piel del bebé no sufría ninguna agresión. Pero desde que nació, sus nalgas se enfrentan a la humedad ligada a los pipís y las cacas que fermentan en el interior de los pañales. Incluso si cambiamos al bebé con frecuencia (lo cual es indispensable sobre todo cuando se alimenta del pecho, ya que eso provoca heces un poco líquidas) su pequeño trasero estará rojo y lastimado.

Para limitar las irritaciones, mientras sus nalgas se habitúan a vivir dentro de unos pañales, es muy importante limpiar bien su trasero, con agua cuando ha hecho pipí, y con jabón (aclarando bien) cuando ha hecho caca. A continuación, secamos con cuidado y una de cada dos veces, alternando, ponemos una crema dermatológica. Si las nalgas supuran o si el bebé llora cuando simplemente le rozamos el trasero, podemos dejarlo con las nalgas al descubierto durante unas horas.

ES NECESARIO CONTACTAR (¡YA!) CON LA GUARDERÍA

Incluso si aún no hemos decidido cómo se cuidará al niño cuando regresemos al trabajo, más vale hacer los trámites para todos los tipos de cuidado y así poder tener la elección cuando llegue el momento.

—**Uno se dirige al área de educación de su ayuntamiento** (no es necesario pedir hora, pero es mejor llamar antes para conocer los horarios).

—**Solicitar plaza en una guardería pública:** para informarnos de los trámites a seguir, lo mejor es acudir a la guardería más cercana y contactar con la directora del centro.

Ella prefiere los brazos de su padre

Desde pasado el mediodía, Clara llora. Lo he intentado todo para calmarla: el pecho, los brazos, la cuna... ¡Nada que hacer! Se calma, pero luego vuelve con más fuerza. He llamado al pediatra de urgencias. Ha sido amable, me ha propuesto una visita en una hora. Pero durante la consulta, Clara no ha llorado. Entonces, ¡la pediatra me ha confirmado que la pequeña estaba bien! Y cuando Clara ha vuelto a llorar al volver a casa, he llamado a Simón para que viniera pronto.

Desde que ha puesto los pies en casa, le he puesto a Clara en sus brazos y yo he ido a dar una vuelta por el barrio. Realmente ya ¡NO PODÍA MÁS! Cuando he vuelto a casa al cabo de un cuarto de hora, la señorita dormía. Simón ha dicho que la ha acunado un poco y que se ha dormido rápidamente. No ha hecho nada más que yo. Sin embargo, se ha dormido. Y esta noche, cuando se ha despertado, no ha querido despegarse de los brazos de su padre, excepto para comer. Cuando él intentaba pasármela, ella empezaba a gritar. ¡Como si tuviera miedo de mí!

De hecho, está claro, ella está mejor en los brazos de su padre. Sin duda, él lo hace mejor: tiene más paciencia. Esto siempre ha sido así: Simón siempre ha tenido un mejor contacto con los niños que yo. Y Clara no se escapa de la regla. Mientras que yo me adapto, ella prefiere a su padre. Quizás sea porque a veces le he dicho que estoy harta de sus gritos... Sin embargo esto no quiera decir que no la quiera. Simplemente tengo dificultades para soportar sus llantos. Mi madre me había prevenido: nunca debemos decirle a un niño que estamos hartos de él. Incluso si son pequeños, ellos lo comprenden y les causa pena. ¡Prometido, no lo haré más!

> Sin duda, él lo hace mejor: tiene más paciencia.

LOS BANALES Y FAMOSOS CÓLICOS

Disipemos enseguida una confusión frecuente: los cólicos del recién nacido no tienen nada que ver con la diarrea.

Los dolores de colon que sufren muchos bebés durante los tres primeros meses de vida, aparecen sea cual sea la consistencia de las heces y son favorecidas por el estreñimiento ya que las heces duras no dejan pasar a los gases.

¿A qué se deben exactamente? A la inmadurez intestinal del bebé: todas las partes de su intestino se contraen, pero no en el orden correcto. Resultado: provoca dolor, particularmente entre los 30 y 60 minutos después de las comidas, cuando se está digiriendo. Para ayudarles a soportar estos cólicos pasajeros, podemos masajearles el estómago con la palma de la mano. No hay mucho más que hacer aparte de esperar a que todo se ponga en su lugar en su pequeño barriga. ¡Y hacerle buenas caricias cuando llore!

LOS CAP, PARA TODOS LOS PADRES

¡Los CAP (centro de atención primaria) son geniales! es el primer lugar al que se debe ir cuando se tiene un problema de salud o se quiere prevenir. En los pueblos más pequeños, la visita se hace en los consultorios locales. Existen los CAP y los CAP II.

–Los CAP son los centros en los que se presta la atención primaria básica por parte de los equipos de atención primaria (EAP).

–Los CAP II son centros de atención primaria en los que se prestan las especialidades médicas extrahospitalarias y que actúan como soporte y referencia de los CAP.

En los CAP encontrarás:

–Visitas médicas con equipos profesionales de la salud para ayudarte.

–Actividades de prevención (vacunaciones, detención precoz de enfermedades...).

–Promoción de hábitos saludables y consejos sanitarios.

–Servicios de atención primaria las 24 horas en los centros de atención continuada (CAC).

–Unidades de Atención al Usuario (UAU) para encontrar la información que necesites. ¡Y seguro que hay un centro CAP cerca de vuestra vivienda! ¡No os digo que es genial!

Mi suegro ha decretado que lo ideal es un bebé bilingüe.

¡Clara debe aprender inglés!

"Este mediodía Simón y yo nos hemos caído de espaldas. Mi suegro ha venido a comer con nosotros y durante toda la comida nos ha explicado que haría falta que Clara aprendiera inglés lo antes posible. Le hemos respondido que justo estábamos pensando qué es lo que a Clara le gustaría más: la música, el deporte, el dibujo... Pero quizás hemos dado la impresión de estar muy serios. ¡De repente, le hemos dicho a mi suegro que decíamos eso en broma!

De hecho, nos hemos reído de alguien que nos dijo que veía que los dedos de Clara, a los dos días de salir de la maternidad, eran de pianista. Personalmente, veo muy extraño decir eso de un bebé de 48 horas. Sus dedos tienen tiempo de cambiar. Pero mi suegro ha seguido y ha dicho que la música, el deporte y el dibujo podían esperar, ¡pero no el inglés! ¡Según él es necesario sumergir a los recién nacidos en los idiomas desde la cuna! ¡Así se le dan todas las oportunidades para hablar con fluidez y poder desenvolverse bien en el mundo internacional de los negocios! ¡Yo no sé de dónde saca mi suegro esa idea de que Clara estará en el mundo internacional de los negocios! E ignoro por qué está tan convencido de que Simón y yo podemos hablarle en inglés como si fuera nuestra segunda lengua materna.

Yo hablo muy mal. Simón, lo lleva mejor, pero no lo suficiente como para ayudar a Clara a leer a Shakespeare. Ante esta objeción, mi suegro ha afirmado que lo ideal es una niñera bilingüe. De acuerdo, pero no tenemos los medios para eso. Y además, francamente, es un poco ridículo decir que es necesario sumergirla en un baño de inglés cuando todavía no tiene ni tres semanas, ¿no? Hará falta que comience a decir su primera palabra en español..."

MIMOS Y MÁS MIMOS...

Tenemos todo el derecho un día u otro: cuando el bebé llora y lo tomamos en brazos, un alma caritativa afirma: «Vas a crearle malos hábitos». Pero con dos semanas de vida, ¿qué es un hábito? ¡Nada!

Durante los tres primeros meses, cuando el bebé llora no sabe calmarse solo. Mientras tanto, él depende de su entorno para parar sus lágrimas y sentir una sensación complaciente (de leche para calmar el hambre, de mimos para colmar su deseo de contacto, para ser acunado, para ayudarle a dormir...).

Entonces es inútil esperar que pare de llorar, cansado de soltar tantas lágrimas. Siempre habrá tiempo, cuando sea mayor, para dejar que se calme solo.

Alto a los consejos de otros. Más vale fiarnos de nuestra intuición y hacer las cosas como uno las siente, ya que nada es más estresante para un bebé que una mamá a su lado reprimiéndose las ganas de abrazarlo. Así pues, ¡mimadlo hasta que os hartéis y aprovechad ese momento de felicidad donde el bebé reencuentra su serenidad en vuestros brazos!

BEBÉS... CON SENOS

A lo largo de las primeras semanas, ciertos bebés —ya sean niños o niñas— tienen una estimulación de sus glándulas mamarias. Podemos ver aparecer pequeños senos (y al tocarlos podemos sentir perfectamente una bola) de los cuales puede incluso salir una gota de leche: esto se llama *ingurgitación* de los senos. Es impresionante, pero no es grave. Sin embargo, puede ser doloroso. No dudéis en consultar con el pediatra.

Sobre todo no tocar y aún menos intentar que salga la leche, ya que esto podría aumentar el problema (pues corremos el riesgo de estimular más la glándula mamaria del bebé). La ingurgitación se va espontáneamente, pero a veces es necesario tiempo (de dos semanas a algunos meses).

Todos esos juguetes en la habitación...

¡Por todos lados! Por la cama, en las estanterías, por el suelo: peluches, muñecos, marionetas... No debíamos habérselos comprado para decorar la habitación, todo el mundo nos ha regalado cosas. Resultado: tres marionetas colgantes, un panda de un metro, un perro Pluto gigante, diez pequeños dálmatas y no sé cuántas cosas más. Ya no sé dónde ponerlos. Están muy bien, pero es demasiado. ¡Clara no tiene ni tres semanas y ya va a rozar la sobredosis de juguetes!

En todo caso, esto me sirve de lección: yo siempre regalaba una muñeca o un animal de trapo a los bebés que acababan de nacer. Ahora me limitaré a algo de ropa o a un objeto decorativo. ¿Y por qué no sólo un regalo a la mamá? Es cierto: hasta ahora siempre ofrecía alguna tontería a las amigas que acaban de dar a luz y mimaba particularmente al bebé. ¡Pero al bebé, al fin y al cabo, todo el mundo le mima!

Nos olvidamos un poco de las jóvenes mamás. Les ofrecemos flores, pero no las aprovechan realmente, puesto que en la maternidad no hay donde ponerlas. Además, flores cortadas en la habitación de un recién nacido tampoco quedan muy bien. Resultado: los ramos se van a casa, pero cuando salen de la maternidad ya están marchitas. Yo también he recibido bombones, pero con mis 23 kilos de más, evitaba comerlos y los ofrecía a quienes me venían a ver.

Realmente, ¡cuanto más reflexiono más me doy cuenta de que es necesario mimar a la mamá! Después de todo, si ofrecemos un regalo al bebé es para festejar su nacimiento. Pero para la mamá, tener un bebé es como un segundo nacimiento. Podríamos ofrecerle un gel de ducha perfumado, una crema corporal, un esmalte de uñas, una joya... algo muy femenino que le recuerde lo que una tiene la tendencia a olvidar cuando ya es mamá: ¡que todavía es una mujer!

SU PRIMERA VACUNA

La mayoría de las veces se aplica la VHB (la cual protege contra la hepatitis B) durante el primer mes. Cuando se aplique la vacuna no olvidemos la cartilla de vacunación, ya que en ella deben apuntarse todas las vacunas del bebé.

No existen contraindicaciones para la vacuna VHB en lactantes o niños pequeños. Se suele aplicar en un brazo o en una pierna. El dolor no dura demasiado, pero es necesario sostener al bebé al menos un minuto ya que él no siente igual y llora. Después de la inyección se aplica un vendaje que no puede sacarse ni mojarse antes de 24 horas.

Tened en cuenta que en España, cada comunidad autónoma tiene su propio calendario, así que lo mejor es que consultéis con vuestro pediatra. Podéis obtener más información en: **http://www.vacunas.org**

LA LACTANCIA NO «PROTEGE» DE NADA

Nuestras abuelas pensaban que dar el pecho las protegía de quedarse embarazadas. ¡De modo que muchos niños apenas se llevaban once meses con sus con sus hermanos mayores!

Aunque la lactancia disminuya la fertilidad, no ofrece una protección suficientemente eficaz como para considerarla un medio anticonceptivo. Podemos quedarnos embarazadas dando el pecho total o parcialmente.

Un mimo, eso nos faltaba

Desde que llegué de la maternidad Simón y yo nos peleamos por nada. ¡No todos los días pero casi! Esta mañana hemos discutido de nuevo por una tontería: ¿cuánto tiempo tenía que permanecer Clara en su bañera? Casi me irrito cuando intentaba hacerle admitir que ella no podía estar más de cinco minutos en la bañera, puesto que corría el riesgo de coger frío. Por suerte, ¡Simón ha sido más inteligente que yo! En lugar de replicar se ha callado. Se ha sentado en el sofá y me ha dicho que no tenía ganas de discutir por eso. Que no valía la pena y que le gustaría que me sentara junto a él para podernos abrazar. Me han salido lágrimas de los ojos, ¡tenía tanta razón!

El baño es como la historia de los pañales: es ridículo discutir por eso. Me he acercado a él y hemos permanecido abrazados un buen rato: yo le acariciaba el dorso de la mano y él me acariciaba la frente. ¡Estábamos bien! Era nuestro primer cariño desde que nació Clara. Abrazada a Simón sentí que todo mi cansancio, todas las cosas que me estresaban en ese momento, se esfumaban.

¡Me he dicho a mí misma que tenía mucha suerte de estar con un hombre así de amable e inteligente! Estoy segura de que en su lugar muchos hombres se hubieran puesto nerviosos y habrían gritado... ¡Pero él no! Él ha comprendido que unas caricias nos calmarían a los dos. Y es cierto durante el resto del día hemos estado serenos. Nos hemos abrazado mucho y no hemos levantado la voz... ¡Quizás por eso Clara me ha parecido más relajada!

Me ha dicho que le gustaría que nos abrazáramos.

ACOSTARLO, SÍ, PERO ¿DÓNDE? DEPENDE DEL ESPACIO QUE TENGAMOS EN CASA

Aunque tengas una sola habitación no te precipites a por una vivienda más grande: hasta los tres o cuatro meses es bueno que el bebé duerma en la misma habitación que sus padres (¡siempre que no se fume en ella!). Estaremos cerca de él cuando se despierte por la noche y se ha constatado que hay menos muertes súbitas cuando los bebés duermen con sus padres. Lo que podemos hacer para separar el espacio de los padres del bebé es decorar su pequeño espacio con una guirnalda, por ejemplo.

Alrededor de los cuatro meses el bebé puede ir a su habitación, si es que tiene una a su disposición, de lo contrario no pasa nada. Si todavía se despierta por la noche, este cambio de habitación tiene el mérito de enviarle un mensaje claro: ¡ahora se supone que dormirás toda la noche!

¡AL BAÑO, MI BEBÉ!

Antes de lavar al pequeño, descolgamos el teléfono, para que no tengamos la tentación de responder llevando un bebé en los brazos goteando (¡podría coger frío!).

–A continuación, calentamos la habitación donde vayamos a bañar al bebé. Ésta debe estar al menos a 21° C.

–La correcta temperatura del agua: 37° C. Las primeras veces usad un termómetro. Cuando tengáis el hábito, será suficiente con hundir vuestro codo para ver que el agua no esté demasiado fría ni demasiado caliente.

–Durante los dos o tres primeros meses es mejor utilizar una pequeña bañera de plástico; algunas son inflables y fáciles de guardar. Podemos poner la bañera encima de una mesa para limpiar su espalda.

–Alrededor de la bañera, instalamos todo el material: una manopla sin jabón especial para bebé que no irrite su frágil piel, la toalla (calentada por el radiador) con la cual envolveremos bien al bebé cuando éste salga del agua y el pequeño colchón donde lo vestiremos.

–Podemos meternos en el agua con el bebé (en la bañera clásica, evidentemente). Con la condición de que alguien esté allí para sacar al bebé de la bañera, ya que no sabemos nunca lo que puede pasar y podríamos resbalar, ¡con un niño en brazos imaginaos la catástrofe!

–La astucia de los profesionales: los bebés duermen a menudo después del baño. Si vuestro bebé tiene la tendencia a agitarse al final del día, ése es el momento ideal para meterlo en el agua.

Me ha llenado
de felicidad...

La primera sonrisa de Clara

¡Es extraordinario! ¡Es genial! Es increíble, Clara ha sonreído. No a mí directamente, pero de todas maneras ha sido maravilloso. Ha sonreído mientras dormía. Y casi me lo pierdo. Por suerte, la miro siempre antes de salir de su habitación, pues ha sido entonces cuando he visto su maravillosa sonrisa en los labios. Sin hacer ruido, me he acercado a su cuna para mirarla más de cerca. A pesar de sus ojos cerrados, Clara parecía feliz. Su cara estaba tranquila... Sólo tenía un temor: que su sonrisa se borrara. Pero debía sentirse realmente bien, ya que la sonrisa ha permanecido un buen rato en su boca. Para sonreír así seguro que tenía un sueño muy agradable.

Al contemplarla, me he puesto a imaginar que la habitación estaba llena de hadas y que en ese momento trataban de tocar a mi hija con su varita mágica. Casi esperaba ver aparecer un polvo de luz brillante como en los dibujos de *La bella durmiente*. Las hadas la colmaban de dones. Sobre todo del don de ser feliz y de hacer feliz a aquellos que la rodean. Sea como fuere, me ha llenado de felicidad. ¡Encontraba a Clara tan luminosa!

Es una pena que Simón se haya perdido esto. Luego la sonrisa de Clara se ha desvanecido, pero su cara ha permanecido muy dulce. Entonces, me he acordado de que mi madre me había preguntado si Clara ya le había sonreído a los ángeles. En aquel momento no entendí lo que me decía, pero ahora sí. No sé si Clara le sonreía a los ángeles o a las hadas, pero ¡ha sido mágico!

SI TENDEMOS A ESTERILIZAR...

Después de una buena limpieza de cada elemento del biberón, tenemos dos posibilidades igualmente eficaces: la esterilización en caliente o en frío. Cada uno verá el método que más le conviene.

–En frío: se trata de comprimidos (de venta en farmacias o en los puntos especializados de las grandes superficies) que dejamos diluir en agua. En este agua sumergimos la tetina (boca abajo para evitar que un poco de agua quede en el interior e impida una esterilización completa), el biberón, el disco y el capuchón durante unos 30 minutos. Luego podemos aclarar todos los objetos con agua del grifo para sacarles el gusto algo desagradable de esta solución. Ciertamente, no estará completamente esterilizada pero el agua está tan limpia que es difícil que el bebé atrape algún microbio. Generalmente, estas soluciones permiten esterilizar biberones durante 24 horas. Pequeña precaución indispensable: no dejar estos comprimidos al alcance de las pequeñas manos, ya que mientras no están disueltos son tóxicos.

–En calor: muy práctico. Los esterilizadores eléctricos esterilizan hasta seis biberones a la vez. Metemos todos los elementos del biberón, añadimos un poco de agua (que ascenderá a los 100° C) y 10 minutos después se acabó. También hay paquetes especiales para microondas: los llenamos de agua, metemos los elementos del biberón y dejamos calentar unos 15 minutos.

Y AHORA, ¿QUÉ ANTICONCEPTIVO?

Normalmente durante la visita de salida de la maternidad, el médico o la comadrona hablan de anticonceptivos con la joven mamá. Pero en ese momento ella tampoco pone mucha atención. ¡No piensa que vaya a dar volteretas mañana mismo!

Pero al cabo de un mes la idea empieza a surgir. La visita prevista con el ginecólogo alrededor de las cuatro semanas siguientes al parto, gira en torno a este punto: ¿píldora o ligadura? ¿Anillo o implante? A cada uno le corresponde escoger el método que le convenga mejor (cuando alguien es un poco despistado, mejor evitar la píldora, por ejemplo).

Si damos el pecho, el médico prescribe una píldora adaptada (a menudo una micropíldora que es necesario tomar siempre a la misma hora). Es bueno informarse de todos los métodos, sus ventajas e inconvenientes, y si están cubiertos por la Seguridad Social o no... ¡A menos que tengamos ganas de quedarnos embarazadas enseguida!

> Nadie se ha ofrecido
> a echarme una mano.

Diez escalones que subir con un carrito

¡No salgo de mi asombro! No nos importan las personas que no pueden subir las escaleras. Hoy he ido a Hacienda. Clara iba en su carrito y yo me he encontrado delante de una escalera de al menos diez escalones. No había rampa de acceso. Para escalar esta montaña debía llevar a Clara dentro de su carrito. Lo he intentado, pero pesaba mucho. Tenía miedo de no llegar hasta arriba.

Alrededor de mí, las personas iban y venían. Daban la impresión de ir con prisas y yo daba la impresión de ser transparente; nadie se ha ofrecido a echarme una mano. Al primer hombre algo forzudo que he visto le he preguntado si podía ayudarme a subir el carrito. ¡Por supuesto, él ha aceptado e incluso con una sonrisa! Me he deshecho en agradecimientos, pensando que en el momento de salir pasaría lo mismo.

Es un poco vergonzoso que no se pueda acceder con facilidad a un lugar donde cualquiera puede estar obligado a ir algún día. ¡Además, pensaba que cualquier edificio oficial debía estar provisto de una rampa de acceso! ¿Cómo lo hacen las personas que van con sillas de ruedas? Imposible que le pidan a alguien que las suba. ¿Cómo lo hacen? ¡Es una vergüenza! A la entrada no he podido evitar decírselo a la persona que estaba en recepción. No es su culpa, pero ella podrá hablar con personas con mayor responsabilidad. Me ha replicado que las rampas no eran obligatorias más que para edificios construidos a partir de 1975. Los otros no tienen la obligación de adaptarse a esas normas. ¡Es verdaderamente escandaloso!

GRANITOS EN LA CARA

Olvidad la expresión «una piel de bebé», puesto que no se adapta para nada a la realidad de los recién nacidos. Es a partir de los tres meses cuando los bebés tienen la piel muy suave ¡pero antes tienen granitos con frecuencia!

Pueden ser pequeños granos blancos de acné (nada que ver con los puntos negros de los adolescentes). **O pueden ser irritaciones** sobre todo situadas en la frente y junto a las cejas: los médicos llaman a esto dermatitis seborreica.

No es grave y, en los dos casos, evitemos tocarlos, ya que la piel de los recién nacidos es frágil. Llenarla de crema podría agravar el problema y no arreglarlo (sólo las dermatitis acentuadas necesitan un tratamiento local). Incluso aunque no este bien-bien, esto no molesta al bebé. ¡Y apenas se ve en las fotos!

EL ERUCTO FACULTATIVO

¡Para nuestras madres y abuelas el eructo era sagrado! Ni pensar en acostar al bebé sin que antes hubiera hecho su eructo. ¡Se le daba en la espalda hasta que se oía ese sonido tan reconocible!

Pero hoy en día se sabe que para que esto suceda hay que tragar aire y esto no ocurre sistemáticamente en todos los bebés. Incluso es raro en los que toman el pecho y tienen una buena técnica de succión.

Por lo contrario, los bebés alimentados con el biberón siempre tragan un poco de aire. Los más tragones necesitan incluso interrumpir su comida para soltar un eructo bien ruidoso. Para los que beben con calma se aconseja que esperen algunos segundos después de la comida (para ver si han tragado la última gota).

Dos posturas tradicionales han pasado a través de las generaciones: el pequeño se sitúa en vertical, su tórax contra el hombro de papá o mamá. Si no, también puede ponérsele plano, con su vientre sobre las rodillas de un adulto, vigilando que su cabeza quede más arriba que sus nalgas. Podemos golpear su espalda para ayudarles a sacar el aire.

Pero si al cabo de 10 o 15 minutos el ruido tan esperado no llega, ¡no nos preocupemos! Acostemos al bebé sin temor. Puede ser que el eructo haya pasado desapercibido o puede ser que lo haga más tarde durante el sueño (y será acompañado de una regurgitación nada grave). También puede ser que eructe al despertar, cuando se vuelva a poner en vertical.

Simón no quiere disfrazarse... de Papá Noel

A veces no comprendo a Simón. Cuando estaba embarazada compré un disfraz de Papá Noel; un buen vestido con fieltro rojo, una barba blanca y un bonito sombrero. Clara todavía no había nacido, pero yo ya pensaba en los instantes mágicos que íbamos a vivir. Pensaba que Simón se disfrazaría para divertir a la pequeña. Pero hoy, aunque todavía quedan cinco meses para Navidad, Simón me ha dicho que ni en broma. Según él esta historia de Papá Noel es una verdadera tomadura de pelo.

Esto me inquieta: espero que no le diga a Clara que Papá Noel no existe. Me ha asegurado que no, pero no quiere alimentar esta creencia. No veo cómo reaccionará cuando ella le haga preguntas al respecto. Pero seguro que lo hará bien. Lo esencial es no privarla de esa magia. Para mí, Noel no tiene nada de malo. Es un cuento maravilloso para los más pequeños. Creo que es necesario aprovecharlo, ya que sólo durará cinco o seis años.

Mientras tanto, me veo ahí con el vestido en los brazos y pensando quién podrá ser el voluntario que se lo ponga de aquí a unos meses. ¿Será mi padre o mi suegro? Después de todo, mi abuelo hacía de Papá Noel cuando yo era pequeña. Me acuerdo muy bien de que venía a vernos, a mi hermano, a mis primos y a mí. Nos contaba cosas durante un buen rato. Nunca pensamos que fuera él. Lo supimos más tarde. Cuando le he dicho a Simón que los abuelos podrían disfrazarse con mi famoso vestido, me ha preguntado por qué no era yo la que hacía de Mamá Noel. ¡No me ha parecido ninguna broma! ¡todo el mundo sabe que Mamá Noel no existe!

> Lo esencial es no privar a Clara de la magia de Noel.

PARA AMAMANTAR, COMER VARIADO

Todo se transmite en nuestra leche. Así que lo que nosotras comemos también lo toma el bebé. ¡Pero esta no es una razón para estresarse por la comida!

Olvidad los consejos variados y diversos sobre los supuestos alimentos durante la lactancia. ¡Muchas veces son contradictorios y siempre son muy restrictivos! La única regla consiste en comer lo más variado posible, sin necesidad de obligarse a tragar paté de ternera o los sesos que una detesta.

¿Qué evitar? ¡Los excesos! Demasiado zumo de naranja podría provocar diarrea en el bebé; demasiado café o té podría ponerle nervioso. En cuanto al alcohol, cero copas. Y, aunque pueda parecer moralista, lo mejor sería ni una gota. ¡A altas dosis, el alcohol es tóxico, y a pequeñas dosis modifica el ritmo de sueño del bebé!

Por supuesto, olvidemos la idea de una dieta adelgazante: dar el pecho causa hambre, puesto que se consumen calorías. Además, podemos intentar seguir los gustos del bebé: si parece no apreciar una comida en particular puede ser que sea porque no le guste uno de los alimentos que hemos tomado anteriormente (generalmente son alimentos de sabor fuerte como las coles de Bruselas, el pollo al curry, etc.). Y sí, ¡sus papilas tienen ya preferencias!

COSTRAS DE LECHE EN LA CABEZA

Contrariamente a lo que su nombre indica, éstas no tienen nada que ver con la leche. Se deben al espesamiento de la piel del cuero cabelludo. Estamos de acuerdo, es un poco desagradable. Sin embargo, no es debido a una falta de higiene, ni a una enfermedad de la piel ni a una infección. Se debe a un cambio hormonal que se produce justo antes de nacer, cuando todavía está en el vientre materno, y su vida autónoma posterior al nacimiento.

Esto ocurre espontáneamente a los tres meses (más tarde en algunos bebés). Pero no molesta al pequeño. Antes de aplicar el champú, podemos poner sobre sus costras un poco de vaselina, aceite de almendras suave o una crema prescrita por el pediatra. Lávale el cabello cada día y en el momento del champú, frota suavemente para desenganchar las costras pegadas a sus cabellos.

¡Me recuerda a mi hija!

Hoy he ido a dar una vuelta a casa de mis padres para que Clara y yo pudiéramos disfrutar del buen tiempo en su jardín. He instalado a la pequeña en su carro, a la sombra de un árbol. Clara dormía bajo la mosquitera y mi madre se extasiaba ante la carita de su nieta. De repente, le he oído suspirar: «¡Cómo se parece a ti!». ¡He explotado a reír porque no entendía muy bien cómo mi madre podía pretender que, con solo tres semanas, mi hija se pareciera a mí!

Inmediatamente se ha ido al desván a buscar los álbumes de fotos polvorientos pero llenos de pruebas de lo que acababa de decir. Al pasar las páginas, he tenido que admitir que mi madre querida tenía razón: ¡Clara tiene la misma nariz, los mismos cabellos, la misma tez que yo a su edad! Parece mentira pero hasta ahora pensaba que se parecía más a Simón. De hecho, lo pensaba porque todo el mundo lo decía. Pues bien, se habían equivocado. Constatando con mis ojos que mi hija era mi retrato exacto, un sentimiento de felicidad y orgullo me ha invadido. ¡Ha sido genial!

He contemplado a Clara durmiendo con un amor tan inmenso que pensaba que iba a explotar. Sin embargo, en el fondo, me da igual que se parezca a mí. ¿Qué cambia eso? Yo la amo tal y como es, con su carita adorable. La amo cuando la miro y va a tomar el pecho o se va a dormir, cuando la veo en los brazos de Simón... En resumen, la amo. ¡Se parezca a mí o no!

La amo tal y como es, con su carita adorable.

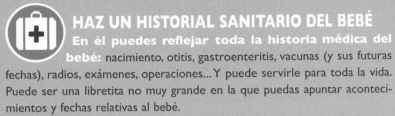

HAZ UN HISTORIAL SANITARIO DEL BEBÉ
En él puedes reflejar toda la historia médica del bebé: nacimiento, otitis, gastroenteritis, vacunas (y sus futuras fechas), radios, exámenes, operaciones... Y puede servirle para toda la vida. Puede ser una libretita no muy grande en la que puedas apuntar acontecimientos y fechas relativas al bebé.

Debes llevarla a cada visita médica que hagas para el bebé: en ella escribimos su peso, su talla, la enfermedad que esté sufriendo (bronquiolitis, otitis...) y el tratamiento prescrito para la ocasión. Así, si la próxima vez al bebé le visita otro médico (porque hemos ido a urgencias, por ejemplo, o porque estamos de vacaciones), éste sabrá ya mucho de su pequeño paciente (¿tiene alergias conocidas? ¿Cuál era su peso la última vez que fue a la consulta?...), y le permitirá prescribir un tratamiento adaptado. Si el bebé duerme en casa de los abuelos, por ejemplo, les daremos a ellos este precioso útil.

TIPOS DE GUARDERÍA Y CUIDADOS: LA ELECCIÓN
¿Cómo cuidaremos al bebé cuando reemprendamos el trabajo? Antes de escoger es necesario tener una idea de las soluciones disponibles.

Las guarderías: entre la guardería privada y la pública. Descifrado exprés:

–La guardería pública: hay guarderías públicas que dependen de los ayuntamientos de cada población y las hay que dependen del gobierno de la comunidad autónoma donde estén situadas. Los precios y las plazas disponibles pueden variar considerablemente de una región a otra. Los profesionales que trabajan en ellas son educadores o educadoras infantiles y profesionales de la puericultura en general. Para más información, consultad en vuestro ayuntamiento o en la página web de vuestra comunidad autónoma.

–La guardería privada: son muchas las guarderías privadas y los precios suelen ser más elevados que los de la guardería pública. Los servicios y los profesionales de éstas podrán variar en algunos casos, pero esencialmente son los mismos que en las públicas.

La cuidadora a domicilio: cuida al bebé en su casa (o en la nuestra). Generalmente no tiene ninguna formación particular. Lo que no quiere decir que no sepa nada sobre bebés. Se puede compartir con otra familia.

Nueve meses de angustia para Simón

Acabo de saber que Simón ha estado angustiado regularmente durante mi embarazo. Se lo ha comentado a un amigo que ha venido a vernos. Nuestro amigo ha preguntado qué se sentía siendo papá y Simón ha respondido que era genial. ¡Hasta ahí muy bien! Pero lo ha estropeado diciendo que se sentía mucho mejor desde que Clara había nacido. Ha reconocido que mientras yo estaba embarazada tenía sudores fríos: con frecuencia le venían muchos temores de ser papá.

¡Ha explicado que ciertas noches soñaba que un bebé gigante se lo tragaba!

Esta pesadilla le despertaba y ya no le dejaba dormir más. Esas noches, se decía que uno debería esperar antes de hacer un bebé. ¡Es de locos! Dormimos juntos todas las noches y nunca me había dado cuenta de que él sufría insomnio. ¡No había visto nada! ¿Por qué nunca me dijo nada? Yo también le podía haber dicho que tenía muchas pesadillas y que me hacía muchas preguntas durante el embarazo. ¡Y casi las mismas que él! Pero me pregunto qué hubiera pasado si los dos, en el mismo momento, nos hubiéramos dicho que cometíamos un error. ¡Hubiera sido horrible! O al contrario, nos hubiéramos ayudado mutuamente a seguir adelante. Sea lo que fuere me habría gustado saberlo directamente de Simón y no enterarme mientras habla con uno de sus amigos... ¡que apenas conozco!

Estaba totalmente atemorizado con la idea de ser papá.

MÁS DE 37,5º C, RÁPIDO A URGENCIAS

Saliendo de la maternidad, una tiene una receta repleta de vitaminas y productos de cuidado para el cordón. Pero nada para hacer un botiquín de urgencias. ¿Por qué? Y si el bebé tiene fiebre, ¿qué le damos? ¡Nada! Vamos a las urgencias pediátricas más cercanas, ya que tener más de 37,5º C antes del mes y medio de vida es signo de infección que es necesaria tratar rápidamente.

¿Y SI ME HICIERA ASISTENTE MATERNA?

Para pasar más tiempo con su hijo o hija, y aparte con un sueldo, algunas mujeres se lanzan a esta profesión.

Lo que debe motivarnos absolutamente: el placer de estar con bebés. Si no es así, la cosa puede ser penosa. Es muy difícil ocuparse de niños, ¡sobre todo cuando no son los tuyos! Por lo contrario, si a una les gusta la compañía de los pequeños, el trabajo tiene sus ventajas: una trabaja en su casa (así que, por ejemplo, no nos tenemos que tomar un día para que nos traigan un mueble a casa, por ejemplo) y cuida de su hijo junto a otros compañeros.

¿Los inconvenientes de esta profesión? No podemos arreglar nuestra casa como queremos. Es necesario tener en cuenta la edad de los niños que se van a cuidar. Otra obligación es la de equiparse con protectores para enchufes, protectores de puertas, etc. Debe evitarse poner un tapete bajo un marco con foto o algo similar, ya que un niño podría estirar y caerse el marco a la cabeza. También está el inconveniente de las relaciones familiares: cuando el bebé sea más grande y vuelva de la escuela queriendo contarnos cómo le ha ido el día, será necesario que espere para seguir ocupándose de los demás niños hasta que sus padres vengan a buscarlos. Y si vuestra pareja quiere pasar unos días de vacaciones en casa deberá practicar con los pequeños que cuidáis.

¿Y si nos casamos?

No sé qué le ha cogido a Simón: quiere que nos casemos. ¡Qué extraño! Nunca habíamos hablado de eso. De hecho, nunca había tenido la impresión de que esto fuera importante para él. ¡Y a mí me da igual! No estoy ni a favor ni en contra... Simón ha dado la impresión de hacerme la pregunta de una manera un poco banal: leía la prensa y sin levantar la cabeza me ha dicho: «¿Y si nos casáramos?».

Al principio creía que bromeaba, pero no. Y cuando he reflexionado, ¡la idea me ha seducido! Vamos a hacer una gran fiesta, a reunir a todos nuestros amigos y familiares... Voy a recorrer todas las tiendas para encontrar el vestido más bonito... (¡Antes esperaré a perder todos estos kilos de más!). Me gustaría mucho un velo grande y largo. ¡Será divertido!

La fecha se ha fijado en un año y medio. Parece que hay que ponerse con tiempo, ya que todos los lugares agradables están reservados con mucha antelación. Después de mediodía, me ha sorprendido que esta idea de casarse le venga así de repente. Entonces le he preguntado por qué quería casarse y él me ha respondido con una sonrisa maliciosa: «¡Porque te amo!». Encuentro que es una súper respuesta y, sobre todo, la mejor de las razones.

> Me ha respondido con una sonrisa maliciosa: «¡Porque te amo!».

SANGRE EN EL PAÑAL: NO ES GRAVE

Por fuerza, esto nos inquieta. Pero a veces no hay por qué.

–El bebé puede sufrir un eritema en las nalgas: la fermentación de las heces y de la orina en los pañales lastima la piel hasta el punto de provocar lesiones (como unos arañazos). Para aliviar al pequeño, lo limpiamos bien (con agua y jabón especial para bebés) y a continuación aplicamos una crema de agua para aislar la piel y así hacer que sus nalgas recuperen su suavidad natural. Es importante cambiar los pañales con frecuencia.

–El bebé también puede tener sangre en las heces: a menudo ocurre si está estreñido. Las heces duras pueden provocar lesiones, visibles o no. Cuando el médico solucione el problema del estreñimiento, las heces serán más blandas y las lesiones desaparecerán.

–A veces, el fondo del pañal puede estar rojo, ya que las orinas del bebé pueden ser rosadas o, si es una niña, puede tener un sangrado provocado por la crisis genital (reacción a las modificaciones hormonales de las tres primeras semanas de vida). Esto sólo dura unos días, pero merece una consulta telefónica.

PARA ALQUILAR UNA CUNA

A los bebés les gusta particularmente dormir acurrucados contra algo. Desde que nacen los vemos a menudo pegarse a la pared de su cama. Se sienten un poco perdidos en su inmensa cama de barrotes. Entonces ¿por qué no tomar prestada una cuna? ¿Dónde alquilarla? Hay algunas empresas que disponen de cunas transparentes, como las de la maternidad.

El pequeño se siente mejor en esa camita adaptada a su medida. Además, gracias a las ruedas, podemos cambiarle de habitación sin necesidad de moverlo o despertarlo.

Nos puede seguir por todos lados sin problemas y, cuando llora, basta con hacer algunos movimientos de balanceo. Finalmente, gracias a sus dimensiones razonables, una pequeña cama siempre cabe en la habitación de los padres.

Pero atención: cuando el bebé se mueve mucho, más vale que vaya a su cuna de barrotes, ya que corre el riesgo de hacer bascular la cuna y caerse.

¿Qué quiere Clara de su cochecito?

Estábamos a punto de ir a pasear al parque cuando, de repente, cuando iba a poner el carrito para Clara, Simón se ha parado. Ha levantado la cabeza y ha mirado el cielo. A continuación ha dicho: «¡Qué guay es todo lo que Clara ve mientras la llevamos en el carrito: las hojas de los árboles, los pájaros volando, las nubes corriendo por el cielo... Es mucho mejor que el asfalto y los coches que vemos cuando paseamos cerca de casa».

Es verdad, nunca había pensado en eso, ¡a nosotros el paseo hasta el parque no nos gusta demasiado! Vamos esquivando las cacas de perro sobre las aceras y viendo edificios y carreteras. Pero si nos sentamos en un banco y levantamos los ojos, el paisaje cambia. Lo hemos hecho para observar lo que Clara veía. Intentábamos imaginar qué se decía al ver las nubes en el cielo; ¡qué extrañas las nubes! Son siempre formas huidizas: podemos reconocer en ellas cualquier cosa. Simón y yo hemos visto un bestiario gigante, con todos los animales del mundo e incluso otras bestias que no existen, y dibujos extraños del tipo Picasso... Era divertido. Las personas que iban pasando se debían de preguntar qué podíamos ver de esta manera. Este jueguecito nos ha divertido mucho. Incluso nos hemos prometido que jugaríamos a él cuando Clara fuera más grande. El problema es que al cabo de un rato teníamos mucho dolor de cuello. Por la tarde, Simón tenía tortícolis y a mí me dolía al bajar la cabeza. Ahora, ya lo sabemos: ¡debemos jugar a este juego con moderación si no queremos un pinzamiento!

Intentábamos imaginar qué pensaba al ver las nubes en el cielo...

¿QUÉ ES LA MILIARIA?

Son granitos rojos, muy numerosos y con puntos blancos muy pequeños que aparecen esparcidos en la frente y en las espaldas de los bebés cuando éstos pasan demasiado calor: quizás su habitación está caldeada en exceso (la buena temperatura: 19° C), quizás está demasiado tapado para el tiempo que hace, etc.

Tal como viene se va, es decir, ¡no pasa nada! Y, sobre todo, nada de crema, ya que los poros de la piel están obstruidos por estos puntos blancos. Inútil obstruirlos más con una crema, necesitan transpirar. Cuando los granos han desaparecido ponemos al bebé en una habitación bien fresca y cerramos los postigos para que no vuelva a suceder.

DORMIR, COMER, LLORAR...

El bebé duerme, el bebé come y el bebé llora... Al principio de su vida, éstas son sus tres actividades principales. Pero a medida que pasan los días el bebé va durmiendo menos.

La gran pregunta es la siguiente: ¿qué hacemos cuando el bebé ni duerme ni come? La respuesta depende en gran medida del papá y de la mamá, quienes deben intentar proponerle actividades agradables; si no es así, corre el riesgo de aburrirse y entonces todos los vecinos lo sabrán al oír sus quejas.

Pero ¿cuáles son las ocupaciones adaptadas a un bebé de un mes? ¡Nada extraordinario! Un paseo, un cariño... De hecho, necesita actividades calmadas que le conduzcan suavemente al sueño, ya que después de una fase de vigilia necesitará pronto una fase de sueño.

Basta con colgar sobre su cama un objeto musical con pequeños personajes de colores para que sus ojos lo sigan y así ayudarle a dormir. De la misma manera, si papá o mamá (el abuelo o la abuela, el tío o la tía...) tienen los brazos disponibles para dar un tierno cariño, esto también le dará un momento agradable que le ayudará a tener buenos sueños. Finalmente, si os tienta un bello paseo nocturno, ése es un buen momento para mecerle agradablemente y hacerle dormir bien.

DIARIO DE SIMÓN
¡Pero yo soy su padre!

¡Qué rara es mi suegra! Incluso Laura reconoce que su madre a veces es especial. Sobre todo desde que Clara nació. Esta noche cenábamos en el jardín de mis suegros. Clara dormía en su carrito y desde que hemos empezado la cena mi suegra nos repetía: «¡Entremos en casa, hay demasiada humedad para la pequeña!». Hacía al menos 25º C y Clara estaba abrigada con un pijama integral, una camiseta debajo y una manta por encima.

A la decimoquinta vez, Laura ha explotado. Le ha pedido a su madre que parara de estropearnos la cena y ha abierto la capota del carrito. Yo he aprovechado para descubrir un poco a Clara. Para colmo, mi suegra ha gritado: «¡Pero va a coger frío!». Y entonces no sé lo que me ha cogido que le he dicho que parara de ir detrás de la criatura. Y que, además, ella no tenía que decir nada. ¡Si queríamos destapar a nuestra hija era nuestro derecho! Entonces me ha mirado con un aire avergonzado y sorprendido y me ha dicho con seriedad: «¡Pero yo soy su abuela también!». Esta réplica me ha dejado pasmado. Lo que me ha salido ha sido: «¡Sí, pero yo soy su padre!». El ambiente se ha enfriado. Hemos acabado rápido de comer y nos hemos ido. ¡Luego estaba realmente molesto!

EL PASEO, A BUENAS HORAS

En invierno, nada de paseos mientras el bebé no haya recuperado, al menos, su peso de nacimiento (lo ideal es que haya superado los 3 kilos). Si no, tendrá que quemar calorías para luchar contra el frío mientras que, en realidad, debería guardar esas calorías para ir creciendo.

¡Todo depende del motivo del paseo! Si sólo queremos estirar las piernas y tomar el aire no hay problema, excepto con la condición de que el bebé vaya bien tapado. Pero si vamos al supermercado en horas punta, cuando podemos encontrar amistades que van a buscar a sus niños mayores a la escuela materna, uno debe reflexionar dos veces, ya que, en pleno período de bronquiolitis y gastroenteritis, estos lugares son verdaderos caldos de cultivo. ¡Ahí el bebé corre el riesgo de coger varias enfermedades!

En verano, es necesario evitar las horas calientes del día (de las 12h a las 16h) y comprar un parasol para protegerlo del sol. ¡Pero en las grandes ciudades el verdadero problema es, sobre todo, la contaminación! Cuanto más pequeños son los bebés, más frágiles son. Así que si queremos salir, evitemos las horas de mayor afluencia (cuando hay más coches) y llevemos al bebé en el cochecito para que esté más resguardado del humo. Aparte de todo esto, es necesario dar paseos con el pequeño, ¡los adora!

UNA NIÑERA EN CASA...

Cuando nos lo podemos permitir económicamente, una niñera tiene ventajas: no necesitamos cargar al bebé en las frías mañanas de invierno, él puede dormir más por la mañana, ya que se queda en casa, en su ambiente familiar, con sus juguetes... Si enferma no es necesario pedir días por enfermedad del niño (a menos que el pediatra lo exija expresamente). Por la tarde, no hay necesidad de correr hasta la otra punta de la ciudad para recoger al bebé de la guardería o de casa de la asistenta maternal.

Tampoco soñar: tener una niñera tampoco es todo color de rosa. Si saliendo de su casa un día se rompe una pierna o se tiene que quedar en cama porque tiene 40° C de fiebre, tendréis que encontrar a alguien disponible para cuidar al bebé. Y eso no es siempre fácil. Lo mismo ocurre si la niñera decide no venir una mañana y no nos ha prevenido antes (sí, sí, hay mamás que han tenido esta experiencia). Además, durante el día no sabemos muy bien lo que puede pasar. Cuando desconfiamos, nos imaginamos en seguida lo peor.

Una niñera en casa es lo mejor: si tenemos un jefe comprensivo, una abuela o un abuelo cerca, por si acaso, o un vigilante abnegado.

He discutido con Ingrid

"Quería entrar en casa con sus dos hijos, pero uno de ellos está acatarrado y no quiero que contagie a Clara. Cuando le he pedido que vuelva sin sus hijos se lo ha tomado mal.

Sin embargo, me parece que en casa debe ser como en la maternidad: los hijos de los amigos, los primos y las primas no deben estar junto al bebé. Sobre todo si están acatarrados. Pero Ingrid me ha soltado todo un discurso diciéndome que era necesario que las criaturas hicieran su proceso inmunológico y que, un día u otro, mi hija también enfermaría.

Aunque el hijo de Ingrid no hubiera estado acatarrado, él y su hermano se habrían aburrido aquí y se habrían puesto nerviosos. Ella habría estado vigilándolos y no habríamos tenido ni cinco minutos de tranquilidad para nosotras. ¡Esas criaturas tienen necesidad de moverse! Y aquí en casa no habrían disfrutado nada. No entiendo que ella no lo comprenda. ¿Es tan difícil? Voy a llamarla. Pero voy a esperar un poco para que no venga enseguida... ¡con sus críos acatarrados!"

Cuando le he dicho que venga sin sus hijos se lo ha tomado mal...

SU CRÁNEO SE APLANA

Desde que tumbamos a los bebés boca arriba, el número de muertes súbitas ha disminuido, pero un pequeño problema ha aumentado: los cráneos aplanados. Esta zona es muy maleable durante los primeros meses, basta con que el bebé ponga la cabeza siempre en la misma posición para que esa parte en la que se apoya se aplane.

Esto no perjudica en nada el crecimiento y el funcionamiento de su cerebro, pero no es estético, sobre todo si de mayor quiere afeitarse la cabeza como algún futbolista.

Sólo es necesario hacerle mover la cabeza: basta con ponerle cosas que le interesen (algo móvil, muñecos colgando...) del lado donde él no tenga tendencia a mirar. A esta edad, los bebés son atraídos por la luz y el lugar de donde vienen sus padres. En función de esto, podemos cambiar su cuna de lugar para que así cambie su cabeza de posición. Para vestirlo, podemos ponerlo sobre su vientre durante momentos (nunca para dormir). Su cráneo se remodelará en algunos meses.

LA GUARDERÍA: ¡ESO ME TIENTA!

Prevención: las plazas son tomadas al asalto y hay pocas en relación a la demanda. ¡Pero intentarlo vale la pena!

El lugar está íntegramente arreglado para recibir a los niños: también dispone de un excelente material de juegos (piscina con pelotas, tobogán, etc.).

Un equipo de profesionales acoge al bebé: la enfermera, la puericultora, la auxiliar puericultora, la educadora infantil, etc. La mayoría de ellas son mujeres que conocen bien el desarrollo de la infancia. También tienen ideas de juegos para no acabar nunca... Y si una está enferma, otra la reemplaza.

El bebé se familiariza con la vida en colectividad. ¿Es verdaderamente interesante antes de los tres años? ¡Eso es otra historia! Antes del primer año, los bebés prefieren una relación más estrecha con las personas que los cuidan ¡y no estar perdidos en medio de otras 10 criaturas que comparten la misma auxiliar! Y luego también está el ruido, los microbios y los virus...

Sin embargo, si el bebé está enfermo, os toca a vosotros cuidarlo. ¿Estará enfermo a menudo? Imposible decirlo a priori. Pero debéis saber que los más prematuros y los que han nacido con poco peso son más sensibles a las epidemias y a las infecciones.

DIARIO DE SIMÓN
Mi método para dormir a Clara

Laura está convencida de que Clara quiere estar en mis brazos. Todo porque la pequeña duerme mejor conmigo. Pero lo que ella ignora es que yo tengo mi método personal: cuando Clara llora en su camita, la tomo en mis brazos, la aprieto suavemente contra mi corazón, respiro cada vez más despacio... Y, poco a poco, la respiración de Clara se pone a mi ritmo. Cuando siento que está calmada, empiezo a balancearla despacio e interiormente empiezo a contar hasta 100. Generalmente, a los 20 ella ya no llora; a los 50, ya está totalmente calmada; a los 70, se ha dormido, y, a los 100, duerme profundamente... Y entonces: ¡victoria!

Saboreo ese momento que adoro. Me siento su papá al 200%, puesto que he conseguido calmarla. Tengo la impresión de que le he servido de algo. ¡Es fabuloso! Su sueño es sereno. Velo por ella como si fuera el guardián de un tesoro. Me gusta todavía más cuando esto pasa en plena noche. Ni un ruido en la casa. Sólo Clara y yo. ¡Es genial! El problema viene cuando la dejo y al contar 120 se despierta otra vez. Entonces, me gustaría que Laura me relevara, pero para eso debería explicarle mi truco y, por el momento, no tengo ganas: son las únicas ocasiones donde puedo estar cara a cara con mi hija y tener éxito en algo que Laura no logra hacer. Así pues, todavía lo guardo un poco para mí!

NADA DE *ZAPPING* CON LA REEDUCACIÓN PERINEAL

El perineo, es esa agrupación de músculos, de ligamentos y de membranas que forman un saco que sostiene la vejiga, la vagina y el recto.

Durante el embarazo y a lo largo del parto este saco se distiende. Resultado: los músculos pierden su tono. Para recuperarlo, es imperativo efectuar una reeducación perineal.

Practicada por una comadrona o un fisioterapeuta la reeducación comienza a los dos meses del parto. Durante 10 sesiones efectuamos diferentes ejercicios. Para que la eficacia sea mayor, el fisioterapeuta pide a menudo que se hagan en casa.

Más vale seguir los consejos, ya que la reeducación perineal permite evitar molestias como las pérdidas de orina, dolores en el acto sexual y, lo más grave, un descenso de los órganos que ya no se sostienen por el famoso saco.

TETINA: ¡NORMAS PARA UNA HIGIENE PERFECTA!

Puede ser una reserva de microbios, así que deben respetarse ciertas reglas de limpieza:

–Hasta los 3 meses, tenemos 2 o 3 tetinas que esterilizamos antes de usarlas. No hay necesidad de comprar un esterilizador grande. Compramos una solución de esterilización en frío (disponible en farmacias o parafarmacias). Disolvemos la solución en agua siguiendo las instrucciones: dura 24 horas, ¡así que podemos meter varias tetinas varias veces! El inconveniente es que la solución deja un gusto algo desagradable. Así que la aclaramos con agua corriente y después la guardamos en una caja especial para ello (la podemos encontrar en la sección de puericultura de los grandes almacenes).

–¿Si se cae al suelo? Ni papá ni mamá pueden dárselas de tener una saliva que limpie. ¡Al contrario! Nosotros, los adultos, tenemos la boca colonizada por numerosos microbios que facilitan la aparición de caries y dolores digestivos en los niños. Así que, sobre todo, no nos metamos la tetina en la boca antes de dársela al bebé. Para limpiarla, la pasamos por agua y la esterilizamos.

–Cuando vamos a pasear limitamos los riesgos de caída de la tetina añadiéndole un enganchatetinas (de venta en farmacias y grandes y medianas superficies) que sujetamos al suéter del bebé con un clip. También llevaremos una tetina de recambio.

Tenemos vecinos nuevos

"Esta mañana han llegado nuevos vecinos a nuestro rellano. Su puerta está justo delante de la nuestra. ¡Me ha encantado cuando les he visto transportar una cama de bebé! Un bebé delante de nosotros, eso hace dos bebés en el mismo rellano. Les he propuesto que vinieran a tomar un refresco a casa y así nos hemos presentado.

Amelia y Francisco tienen dos hijos: una hija de tres años y un bebé que tiene dos semanas más que Clara. Los han llevado a casa al final del día. Su pequeño hijo es claramente más grande y fornido que nuestra hija. Se llama Julio. Amelia no le da el pecho; lo hizo con su hija y ahora no tenía ganas de hacerlo con Julio. Cuando han entrado en casa era justo la hora del biberón del pequeño. De repente, he presenciado la preparación: ¡vaya artillería! Hace falta: un biberón limpio, agua y leche en polvo... A continuación, es necesario batir bien para que el polvo y el agua se mezclen correctamente. Además, es necesario calentar un poco de leche.

Cuando Amelia me ha preguntado si tenía un biberón caliente, no supe qué quería decir. Entonces hemos calentado el biberón al baño María. Esto ha tomado mucho tiempo. El pequeño lloraba. Le habría propuesto que colocara a su hijo en mi pecho para que se calmara mientras tanto, pero no me he atrevido. De hecho, me he preguntado si una puede dar el pecho al bebé de otra mujer. Más tarde, por la noche, cuando ya se habían ido, me he dicho que a veces me planteaba preguntas idiotas. No veo por qué no podría darle el pecho a un bebé que no es el mío. Las nodrizas, antiguamente, ¡tenían ese trabajo! De todas maneras le preguntaré a un pediatra para que me lo confirme. Aun así, ¡me ha parecido que la preparación del biberón requiere de un proceso largo y complicado!"

EL BEBÉ LLORA PARA DORMIRSE

Muchos conocerán esta expresión, muy querida por nuestras abuelas: «Busca dormirse». A menudo lloran unos 10 minutos antes de caer en los brazos de Morfeo.

Para evitarlo: tomar el bebé en brazos. Si no, corre el riesgo de excitarse y entrar otra vez en un estado de vigilia.

Más vale dejarle llorar un momento, ya que ¡éste es el camino que toma para encontrar el sueño!

INCLUSO EN PLENO INVIERNO, GRANITOS DE CALOR

Todos los bebés tienen la piel frágil. Y ésta reacciona en caso de calor.

En pleno invierno, si hace demasiado calor en la habitación o si el pequeño está demasiado tapado, pueden aparecer ronchas rojas con granitos. Éstos son lo famosos «granitos de calor». También pueden aparecer después de un baño muy caliente y, por supuesto, cuando la temperatura ambiente es muy elevada y el bebé transpira. En todos los casos no hay nada que hacer y, sobre todo, nada de crema.

Por contra, es importante comprender que el bebé se ha sentido incómodo. Para evitar que sufra de nuevo esta incomodidad es necesario encontrar la causa del calor: ¿El radiador de su habitación está mal regulado? ¿Tenía una manta de más? ¿Hemos paseado a una hora muy calurosa del día?, etc.

¡Clara ha aspirado la nariz de Simón!

¡Qué risa esta mañana! Yo preparaba el desayuno en la cocina y Simón cambiaba a Clara y estaba inclinado sobre ella. Sus caras casi se tocaban cuando les he hablado desde la cocina. Simón me ha mirado y Clara ha aprovechado ese momento de despiste para abrir la boca y aspirar la nariz de su padre.

Simón me ha llamado para que fuera a ver y rápidamente he llevado la máquina de fotos para inmortalizar ese momento tan sorprendente. Espero que la foto haya salido bien y podamos ver bien a Clara intentando chupar la nariz de su padre. ¡Era muy gracioso de ver! Además, Simón ha dicho que Clara aspiraba fuerte. ¡Como si tomara el pecho! De hecho, le ha dolido un poco cuando ha soltado la nariz.

Esperábamos que a continuación llorara, pero no. Tenía una cara muy vivaracha. ¡Como si estuviera orgullosa de su acción! Estábamos sorprendidos, ¡nos ha hecho reír tanto! Y nos ha sorprendido mucho que tuviera tanta agilidad. No he podido evitar reírme un poco de Simón. Tiene una nariz que ocupa una buena parte de su rostro. No es gorda, pero sí algo grande. A Simón no les gustan las bromas sobre su nariz. Me ha contestado que Clara no habría podido hacer eso con mi nariz. ¡Encantador! Ahí ya he parado, viendo que podría degenerar la situación. Finalmente, después del mediodía, he visto a Clara dormir. He contemplado su carita fina y me he sorprendido pensando que esperaba que no tuviera ni mi nariz ni la de Simón. ¡Y todavía menos una mezcla de las dos!

Clara intentando chupar la nariz de su padre. ¡Era muy gracioso!

REGURGITACIONES ESPECTACULARES

Se supone que duerme cuando, de repente, un pequeño ruido, poco perceptible, atrae nuestra atención: encontramos al bebé rojo y vomitando. Tiene por todos lados: en la cara, en las sábanas...

¡Sobre todo, que no cunda el pánico! Es impresionante, pero no es grave. Para empezar, tomamos al bebé en brazos, contra nuestro hombro, para mantenerlo en una posición vertical. Le limpiamos la cara, lo cambiamos, cambiamos las sábanas y esperamos algunos minutos, hasta que recobre la serenidad.

A continuación, le podemos dar un poco de agua y volvemos a acostarlo. Si ya no llora y no parece estar molesto, han sido unas regurgitaciones sin importancia. ¡Así que no es peligroso! Más vale habituarse, ya que aún puede tener varias así, sin que haya que inquietarse.

TENGO FIEBRE, ¿QUÉ HAGO?

La fiebre está por encima de 38° C en el termómetro rectal. No es algo raro en momentos normales, pero cuando una acaba de dar a luz, más vale consultar rápidamente.

Una puede tener una complicación posterior al parto o una infección, de tipo urinario por ejemplo. Sin fiebre sería una cistitis sin importancia, ¡pero con fiebre es algo más molesto! Si lactamos deberemos decírselo al médico, ya que no podremos tomar según qué medicamentos. No hay ningún problema con el paracetamol, el cual hace bajar la fiebre, pero para el resto de medicamentos deberemos consultar con un médico.

Quizás será necesario suspender la lactancia para poder tomar medicamentos más ofensivos. Entonces usaremos leche en polvo (de primera edad o la que recomiende el pediatra). En lugar de parar la lactancia definitivamente, nada impide que extraigamos leche para mantener el ritmo y cantidad de la misma (ver pág. 103, 44.° día).

Volvemos a lactar cuando el tratamiento haya finalizado. Además, si estamos enfermas (incluso si sólo se trata de un catarro), limitaremos los contactos más cercanos con el bebé. Menos besos y cariños: ¡los virus y los microbios son contagiosos!

¡A ella le gusta la misma música que a mí!

"Simón y yo no tenemos los mismos gustos musicales. ¡A él le gusta el jazz y a mí el rock! Sin embargo, hay algunos artistas en los que coincidimos: The Doors, The Beatles o Nougaro. Pero una cosa está clara ¡nunca hubiéramos podido conocernos en un concierto! Por eso, durante años, ¡no hemos utilizado nuestro equipo de música! A la que uno ponía un CD, el otro le pedía que lo quitara. Resultado: adoptamos la costumbre de escuchar la radio. Pero, por supuesto, cuando uno de los dos no está el otro aprovecha...

Hoy, cada uno intenta educar a Clara en sus gustos musicales. De momento yo llevo ventaja, ya que estoy en casa todo el día, pero el fin de semana, Simón recuperará el tiempo perdido; de repente, me trago toda esa música de ascensor. Hace poco, ha tenido el valor de decirme que Clara tenía los mismos gustos que él. Todo porque Clara se ha dormido al ritmo de su estilo. Por fuerza, viendo lo que escuchaba Simón en ese momento, Clara no iba a ponerse nerviosa: ¡era música para el hall de un hotel recibiendo a personas de la cuarta edad! Yo ya sé lo que a ella le gusta: le hago escuchar todos los días a Dalida, Oasis y los Stones. Y voy a seguir haciéndole escuchar buena música para habituar sus oídos. No quiero que tenga los mismos gustos que su padre. Si no, ¡será terrible para mí!"

Voy a seguir haciendo que escuche buena música para habituar sus oídos.

¿PEDIATRA O MÉDICO GENERAL?

¡Muchas ciudades en España ya no tienen consulta de pediatría en sus ambulatorios! Los únicos pediatras que podemos encontrar en los hospitales se ocupan de enfermedades graves. Para las pupas de cada día hay que dirigirse al médico general.

Pero no todos los médicos de cabecera reciben con gusto a los recién nacidos. Para saberlo, una indicación fiable es: ¿tiene una báscula para bebés en su consulta? Si es que sí, podemos confiar en él o en ella. Siendo el médico de cabecera puede ser el médico de toda la familia.

A veces, podemos tener la suerte de que en nuestro CAP haya pediatra. Media de tiempo de espera: cuatro semanas. Pero puede valer la pena esperar varias semanas para una visita de rutina si, cuando hay urgencias, el pediatra no duda en recibir a los pequeños pacientes entre visitas normales.

Como el pediatra es un especialista de niños (de hecho hasta los quince años), se los conoce de memoria. Sabe cómo dirigirse a ellos, tomarlos en sus brazos con agilidad, vacunarlos rápidamente, aconsejar a las mamás sobre la lactancia, está al corriente de los últimos descubrimientos en vacunas, conoce el estrés de los padres... Y ha escogido ocuparse de los pequeños. ¡Mientras que el médico general no está forzosamente familiarizado con los bebés!

EL BEBÉ TIENE LA NARIZ TAPONADA

Cuando tenemos la nariz taponada abrimos la boca y aunque tengamos molestias, no tenemos que hacer esfuerzos para respirar. ¡Pero para el bebé es diferente!

Hasta los tres meses no tienen el reflejo de abrir la boca. Si están cargados se ponen a respirar rápido y así no tienen problemas en los bronquios ni en los pulmones.

Para sonarse, estornudan, pero eso no quiere decir que cada vez que el bebé estornude tenga la nariz tapada; puede tener otras cosas que le hagan cosquillas en la nariz.

Mientras tanto, necesitan una mano para respirar mejor: les limpiamos con cuidado la nariz (ver apartado de la pág. 93, 39.º día). Si el bebé tose un poco, nos mantenemos vigilantes, ya que esta tos puede degenerar en una bronquitis; así pues, pediremos consejo al pediatra.

La lactancia es un poco esclava, ¿no?

Hoy hemos hecho un pícnic con amigos. Hacemos uno cada año. Esta vez se me ha hecho raro, ya que hace un año, cuando hicimos el último pícnic del verano, yo no tenía a Clara. Ha hecho buen tiempo y, como es habitual, todos habían traído cosas muy buenas para comer.

En esta ocasión Clara empezó a llorar. Le di el pecho ¡y lo tomó con mucho gusto! Y desde esta mañana no para de comer. He tenido la mala pata de quejarme soltando delante de mis amigos: «Dar el pecho me cansa, ¡es un poco esclavo!». Al oírme, un amigo me ha dicho que no me daba cuenta de la suerte que yo tenía. Según él la lactancia es una de las cosas más bellas del mundo y ¡sólo las mujeres pueden conocer ese gran placer! Ante su reacción, realmente me he visto como un monstruo egoísta incapaz de saborear la maravillosa felicidad que se me daba. Me han saltado lágrimas de los ojos, así de despreciable me he sentido. Hasta que Ingrid, que le ha dado el pecho a sus dos hijos, ha puesto a nuestro amigo en su sitio recordándole que, efectivamente, él no iba a amamantar jamás. Por lo tanto, ¿cómo podía saber que la lactancia era la cosa más maravillosa del mundo?

Ingrid también ha dicho que estaba harta de todas esas imágenes idílicas sobre la maternidad y que ser madre de un bebé era muy duro y cansado... que una no dormía mucho y que tenía el derecho de decir, de vez en cuando, que ya estaba cansada, ¡lo que no quiere decir que una no ame a su bebé! Nuestro amigo no ha vuelto a abrir la boca. Ha habido un gran silencio. A continuación, todos nos hemos reído cuando el marido de Ingrid le ha dicho: «¿Todo bien cariño?».

De vez en cuando,
¡tenemos el derecho a decir
que estamos cansadas!

VERDADERO O FALSO: ¿CÓMO SABER SI EL BEBÉ ESTÁ MAL?

Tenemos la tendencia a imaginar que el mínimo retorcimiento es un signo de dolor. ¿Es así o no?

EL BEBÉ PEDALEA CON SUS PIERNAS O LAS PONE SOBRE SU VIENTRE

Falso: a menudo se asocian estos movimientos con dolores de cólicos. Sin embargo nada muestra que esto sea así.

ESTÁ CRISPADO

Verdadero: frunce el ceño hasta tal punto que le aparecen arrugas, cierra los ojos, cierra los puños y no logra abrirlos fácilmente: el bebé se siente mal. Entonces, es necesario cogerlo en brazos y darle cariños y llamar al pediatra para que lo visite.

SE PONE ROJO

Falso: empuja para defecar. Hace un esfuerzo que no necesariamente es doloroso.

SE RETUERCE

Falso: tiene dificultades para digerir su comida. Pero se trata más de incomodidad que de dolor (tiene algún eructo o algún gas que no acaba de salir).

HACE MUECAS MIENTRAS DUERME

–Falso: durante el período que corresponde a los sueños, el bebé hace todo tipo de gestos, y algunos recuerdan a la pena. Nada permite decir que éstas reflejen un dolor.

SE DESPIERTA CON UN SOBRESALTO

Verdadero y falso: puede ser que el bebé haya tenido simplemente una pesadilla o un sueño. Pero si sus despertares con sobresalto se asocian a regurgitaciones frecuentes o van acompañadas de llantos, puede ser que se sienta mal. Deberemos considerar un tratamiento antirreflujo (ver apartado de la pág. 211, 98.º día).

DIARIO DE SIMÓN
Y yo, ¿no existo?

Si esto continúa así, no iré más con la familia de Laura cuando se reúnan. ¡Cogen a mi bebé, y eso no me gusta! Era mediodía y estábamos en casa de la abuela de Laura. Estaban mi suegra y su hermana. Apenas habíamos entrado por la puerta, y ya me habían quitado a Clara de los brazos. No paraban de exclamar: «Qué mona es, ¡se parece a Laura cuando era pequeña!», o «También se parece a la prima Julia cuando era un bebé»...

Mi suegra le ha preguntado a su madre si Clara no se parecía un poco a ella. La abuela de Laura ha levantado los hombros y ha sonreído sin responder. Mi suegra parecía decepcionada, pero cuando ha encontrado una foto de ella cuando era un bebé ha intentado convencernos de que su nieta era clavada. Mientras tanto, ¡se ha olvidado por completo de que se podría parecer a mi hermano o a mí!

De hecho, ella rapta a Clara. ¡Eso es! Yo no existo. O mejor dicho, me vuelvo paranoico. Sé muy bien que mi suegra no quiere quitarme a mi hija y que es muy feliz de tener una nieta. Y, además, veo muy bien que adore a mi hija. Pero me gustaría que comprendiera que yo estoy ahí y que no me quitara a Clara de los brazos cuando llego a su casa, por ejemplo... Es tonto: tengo la impresión de ser como un niño que hace tiene rabieta para que le presten atención. De hecho, sí, es un poco así. Quiero que Clara comprenda que tiene un padre, ¡y que su padre soy yo!

¿QUÉ MEDICAMENTOS DURANTE LA LACTANCIA?

Todo lo que tomemos pasará a la leche. Así que cuando tomamos un medicamento, el bebé puede ingerir una pequeña dosis del mismo.

¿Cómo recuperarnos? Si no nos sentimos bien, veamos a nuestro médico indicándole que estamos lactando. Él es el único que podrá decir qué podemos hacer. Si está convencido de que debemos detener la lactancia para seguir el tratamiento, podemos ir al pediatra para que nos lo confirme (ya que él está aún más al corriente de estas cosas).

Contrariamente a la idea generalizada, ¡algunos antibióticos no obligan a detener la lactancia! Por supuesto, éstos pasan a la leche materna, pero en dosis tan bajas que no son ningún riesgo para el bebé. Y si fuera necesario suspender la lactancia, no hay que dramatizar: no quiere decir que deba suspenderse para siempre. Podemos extraer la leche (ver pág. 103, día 44.º) mientras dure el tratamiento. ¡Posteriormente podremos volver a lactar como si nada hubiera pasado!

MI BEBÉ TIENE ESTREÑIMIENTO

Ciertos bebés, nutridos con leche materna, ¡defecan 10, 15 y hasta 20 veces por día! Y después de un tiempo ese ritmo disminuye. ¿Por qué? Se ignora. Ese mismo bebé que podríamos haber cambiado cada cuarto de hora, de repente no hace más que una defecación diaria; superabundante, muy líquida... ¡Podemos decir que una vez al día el bebé está con la caca hasta el cuello! ¿Qué ocurre? Explicación: en la leche materna todo es bueno, así que el bebé lo aprovecha todo y no deshecha gran cosa. Esta defecación es, por lo tanto, normal. ¡El bebé no está estreñido! Si tenemos la impresión de que tiene dificultades para defecar podemos ayudarlo masajeándole enérgicamente el vientre.

Con los bebés nutridos con biberón, el cambio no es tan notable: el bebé pasa de dos a tres defecaciones diarias a una defecación cada tres días. ¡En este caso que tampoco hay que preocuparse!

He dado mi leche

"Todas las mañanas al despertarme tengo las conchas (unos discos que se ponen para proteger los pezones del rozamiento y que recogen la leche que sale por las noches) llenas de leche. Durante el día tengo que vaciar las conchas varias veces, porque están repletas de leche... Mi madre me ha dicho que tenía suerte de tener tanta. También me ha dicho que si quisiera podría donar. Nunca lo había pensado.

Entonces, he llamado a mi pediatra para comentárselo. Ha creído que era muy buena idea: ésta puede nutrir a los bebés prematuros cuando la mamá no tiene leche. Me ha dado los datos de un lactario. He llamado y me han enviado una señora a casa que me ha hecho rellenar un cuestionario. Me ha dicho que enviaba otro a mi ginecólogo, creo que para verificar que no fumo, que no soy alcohólica, que nunca he sido drogadicta, etc. También es necesario que coja una muestra de sangre. ¡Es normal! Sólo faltaría que una le diera leche tóxica a los prematuros.

La señora traía todo el material para extraerme la leche. Conchas, extractor de leche manual, un extractor de leche eléctrico, biberones esterilizados y comprimidos de esterilización en frío. A continuación, me ha mostrado cómo utilizar los extractores de leche y me ha insistido con el factor higiene: debo lavarme las manos y los pechos antes de cada recogida, limpiar todo el material con jabón y, a continuación, esterilizarlo inmediatamente. Todo esto es muy normal, ¡no voy a darles una leche con microbios! La señora me ha dicho que después de haber extraído la leche debo ponerla en el congelador a la espera de que alguien del lactario venga a buscarla. Bueno, es un poco exigente, pero si puede ayudar a los prematuros, ¡estoy de acuerdo!"

¿Y UN CUIDADO COMPARTIDO?

Cuando la idea de la niñera a domicilio seduce a los padres, pero éstos no tienen medios económicos para pagar un salario completo o no les gusta la idea de que su hijo esté solo, el cuidado compartido es un buen compromiso.

La idea: encontrar una familia agradable (ver pág. 121, 53.º día) con un bebé que será cuidado junto al nuestro por la misma niñera.

Las ventajas: el salario de la niñera se divide entre dos (cada familia paga la mitad). Y el bebé se cuida junto a un compañero o compañera.

El inconveniente: generalmente se cuida a los bebés una semana en casa de una familia y la semana siguiente en casa de la otra. Lo que significa que dos semanas al mes el bebé no está en su casa. Hay que dejarlo por las mañanas e irlo a buscar por las tardes. Además, las dos familias tienen raramente los mismos criterios con relación a la niñera; por lo tanto, es esencial ponerse de acuerdo para evitar malos entendidos y disputas. Finalmente, la organización de este tipo de cuidado se basa en la confianza que las familias tengan entre sí. Es un contrato moral: si de un día a otro, una familia lo rompe y detiene el cuidado, será necesario encontrar otra familia rápidamente o pagar el salario íntegro de la niñera. De ahí la necesidad de hacer el trato con padres de mucha confianza...

LOS MEDICAMENTOS GENÉRICOS PARA EL BEBÉ

Los genéricos son copias de medicamentos cuya fabricación había sido monopolizada por un solo laboratorio, y son tan eficaces como los medicamentos originales de los que han surgido. Eso sí, tienen el mérito de ser más baratos. Éstos representan, por lo tanto, una verdadera esperanza para que nuestra Seguridad Social no tenga más déficit. Pedirlos es un acto cívico.

El derecho de fabricación de estos medicamentos es de dominio público. Pueden ser fabricados por varios laboratorios. Resultado: puede haber varias versiones para un mismo medicamento, lo que permite encontrar sabores muy diferentes. Si vemos que hay uno que al bebé no le gusta, no dudemos en decírselo al médico para que nos pueda recetar otro. Y al revés, cuando vemos que hay un medicamento que al bebé no le desagrada lo apuntamos en algún lugar por si lo volvemos a necesitar en alguna otra ocasión.

Me gusta hablar con otras madres...

Amelia, mi nueva vecina, me ha dicho que salió de la maternidad a los dos días de dar a luz. De repente, he encontrado eso de locos: para ahorrar ponen a las mamás en la puerta con sus recién nacidos y ¡las dejan que se espabilen en plena depresión posparto! Me he imaginado en esa situación y he pensado que para mí hubiera sido terrible.

Pero Amelia me ha dicho que pensaba que eso estaba muy bien. Como ella detesta estar en un hospital estaba muy contenta de volver a su casa y reencontrar a su hija. Al menos, ya no la despertaba el bebé de su compañera de habitación. Eso, efectivamente, ¡me ha traído recuerdos! Además, Amelia me ha explicado que, al salir al cabo de dos días, tuvo una comadrona que iba todos los días a su casa a ayudarla.

Encontró genial ese seguimiento personalizado. Eso también le ha evitado dolores de cabeza, ya que en la maternidad una comadrona le decía que lactara de una manera, mientras que una enfermera le proponía otra. Resultado: una se pierde completamente. Por lo tanto, está claro que una sola persona es mucho más simple. En todo caso, ¡Amelia no daba la impresión de estar perdida! Ella da el biberón sin problemas y muy alegremente...

Efectivamente, ¡me ha traído recuerdos!

¡VIVA EL PORTABEBÉS!

Cuando el bebé llora y tiene ganas de contacto, nada mejor para calmarlo que ponerlo contra una misma. Pero como a veces tenemos la necesidad de tener las manos libres, lo cogemos con el portabebés y ¡el *tour* está servido! Podemos llevar al bebé adonde queramos, dentro y fuera de la casa. Está adaptado a los recién nacidos y está especialmente concebido para sostener sus cabezas (aunque nada impide que las sostengamos también con nuestras manos, de vez en cuando).

–El ventral

Hasta los tres meses, ponemos al bebé en un portabebés ventral (el bebé está contra el vientre de quien lo lleva, su vientre contra el nuestro). Pero como esta posición puede dar calor pensamos en retirarle algo de ropa, ya que si no el bebé empezará a sudar.

A partir de los tres meses, cuando vayamos a pasear, podemos instalar al pequeño con su cara mirando hacia el frente (su espalda contra nuestro vientre): así aprovechará el paisaje. Pero si es la hora de la siesta, ¡op! Le damos media vuelta dentro del portabebés; así dormirá mejor y su cabeza se apoyará en el busto del papá o la mamá.

–El dorsal

Las mamás africanas saben poner a sus recién nacidos en sus espaldas. En poco tiempo les ponen los pañales cómodamente, les ponen la ropa interior, los aprietan contra su espalda, hacen un nudo y el bebé ya se encuentra sostenido sobre la espalda de la madre. El bebé no resbalará ni se caerá... Un solo reproche: su cabeza a veces bailotea un poco. Las mamás africanas tienen una técnica muy precisa para anudar la ropa interior y hacer un portabebés totalmente seguro. Así pues, podemos aprender de ellas y nos entrenamos con un muñeco antes de aventurarnos con el bebé a la espalda. Si no, el portabebés dorsal está disponible en comercios, pero está reservado a niños que ya sepan sentarse derechos: mayores de siete u ocho meses.

–Hamacas y bufandas grandes

Para variar existen las telas grandes que podemos encontrar en algunos supermercados. Según la manera en que las atamos pueden utilizarse como portabebés ventrales, laterales (en las caderas) o como hamaca. También hay verdadera hamacas que permiten llevar al bebé acostado delante de nosotros. Está muy bien para acunarlo, porque es alargada. También podemos darle el pecho en esta posición, pero atención si queremos dar un paseo por la calle: el bebé no está sujeto. En caso de ir con prisas, ¡es necesario sostenerlo y protegerlo bien!

¿Qué le pasa a Simón?

Desde hace algunos días Simón está extraño. Algunas noches vuelve muy tarde y se muestra muy evasivo cuando le pregunto cómo ha ido el día y se va a dormir rápidamente sin hacerme ninguna pregunta sobre Clara. Y si la pequeña duerme, ni siquiera va a verla. ¡Es como si ella no existiera! Otras noches, en cambio, me hace muchas preguntas sobre lo que he hecho durante el día. Me dice que quiere ocuparse más de Clara y que pronto se tomara sus vacaciones de paternidad.

Estas diferencias de comportamiento son extrañas, varía de la noche al día. He intentado comentárselo, pero él dice que todo va bien. Hace un tiempo leí en un libro sobre padres que algunos hombres se deprimían después del nacimiento de su primer bebé. De hecho, no saben muy bien dónde se encuentran: tienen la «miedi-tis» de no ser buenos padres. ¡A las mujeres nos toca tranquilizarlos! ¡Aparte de ocuparnos del bebé!

Pero voy a seguir un consejo: no tengo ganas de que Simón se deprima. De repente, no paro de decirle que él es genial con Clara y conmigo... Da la impresión de que eso le gusta, por suerte, ya que no sé qué otra cosa podría hacer. Le he comentado algo a un amigo que tuvo un bebé el año pasado: me ha dicho que él también atravesó un período difícil. Me ha aconsejado que sea paciente: el bajón a él le duró tres meses...

Algunos hombres se deprimen después del nacimiento de su primer bebé...

LOS BEBÉS NO TIENEN CAPRICHOS

Un bebé de un mes no tiene las mismas necesidades que un bebé de 18 meses. Esto es cierto en lo que concierne a la alimentación, al sueño, a los juegos y a los juguetes... También es cierto para los principios educativos.

Muy a menudo, los amigos que tienen hijos mayores, las abuelas e incluso las niñeras tienen tendencia a dar consejos para los más pequeños que, en realidad, serían adecuados para niños de edad más avanzada.

Pero con un mes el bebé no tiene necesidad de reglas ni de límites... Tiene necesidad de sentirse rodeado y envuelto por papá y mamá para sentirse bien. Si el bebé llora y podemos tomarlo en brazos, lo hacemos (por supuesto, si estamos fregando los platos no estamos obligados a dejarlo todo y salir corriendo; tenemos el derecho de terminar). Pero no hay ninguna razón para refrenar el deseo de tomar al bebé en brazos por temor a convertirlo en un caprichoso. Cuando tenga quince años echaremos de menos esos momentos de ternura. ¡Así que aprovechaos!

UNA NARIZ BIEN LIMPIA

Como el bebé está mejor cuando tiene la nariz bien limpia, lo limpiaremos con cuidado.

–Cuando no está acatarrado: con un trozo de algodón hacemos como un cigarrillo, lo impregnamos de suero fisiológico y con él le limpiamos cada ventana nasal.

–Cuando tiene un fuerte catarro: le pondremos suero fisiológico envasado en dosis (es mucho más práctico que los frascos). Acostaremos al bebé del lado izquierdo, por ejemplo, y le echaremos un chorro de suero en la ventana nasal derecha. Lo pondremos derecho y le secamos la carita y la nariz. Esperamos algunos segundos para que se recupere de sus emociones y hacemos lo mismo en el otro lado. Acostamos al bebé del lado derecho y echamos un chorro de suero en su ventana nasal izquierda. A continuación, lo volvemos a sentar. Hacemos esto por la mañana y por la tarde y antes de cada comida, para que así pueda comer tranquilamente sin molestias para respirar.

¡Adoro hablar con Clara!

Mi amiga Isabel me ha preguntado si no tenía miedo de emborrachar a mi hija con palabras: dice que le hablo constantemente. Es verdad, le hablo mucho a Clara; cuando la cambio, por ejemplo, le explico que le cambio el pañal para que tenga sus nalgas bien secas y así poder sentirse mejor. Cuando llora, le pregunto si tiene frío, si tiene hambre o si quiere algún cariño... Esto puede parecer ridículo, pero, para mí, ¡es una manera de hacerle saber que hago todo lo que puedo para comprenderla! Después de todo, esto me parece normal, es un bebé, ¡no un muñeco! Incluso si ella no entiende todo lo que le digo, al menos entiende que me preocupo de ella y tengo en cuenta su presencia.

Cuando se despierta y no llora, le hablo de lo que escucho en la radio, le digo lo que voy a hacer, le leo en voz alta lo que estoy leyendo en la prensa o en una revista... De hecho, nunca había creído que fuera extraño hasta que Isabel me lo ha dicho. Pero pienso que Clara se sentiría realmente sola si no le hablara. Y además, de todas maneras, soy incapaz de tener la boca cerrada cuando hay alguien en la misma habitación que yo. ¡Aunque sea un bebé! Aparte, si no le hablara a Clara cuando ella está junto a mí, me daría la impresión de que la estoy ignorando. Y de eso soy incapaz.

Para mí, ¡es una manera de hacerle saber que hago todo lo que puedo para comprenderla!

¿PODEMOS FIARNOS DE LAS AGENCIAS DE NIÑERAS?

A cambio de un dinero, estas agencias se comprometen a presentar a sus afiliados varias niñeras recomendables. La elección depende de cada cual; uno escoge la que prefiera.

La misión de estas agencias es encontrar a niñeras con los papeles en regla, que no tengan antecedentes penales, etc. Se enorgullecen de escoger a aquellas a las que les encanta trabajar con los niños... Te aseguran que disponen de mujeres con referencias serias en materia de cuidado de niños... Ciertas agencias dicen darles formación regularmente...

Sin embargo, en la práctica, vemos que estas agencias no cumplen siempre con su misión. Por supuesto, contratar a personas dignas de confianza es difícil. Pero ¿cómo podemos tener una confianza ciega en estas agencias, cuando oímos que una mamá un día descubrió que la niñera, que le habían recomendado calurosamente, tenía un historial lleno de antecedentes penales y la misma agencia le había asegurado lo contrario?

Algunas agencias están seguramente por encima de toda sospecha y tienen buena fe... Pero esto no implica que todas sean fiables. Ésta es la razón por la que aquí no daremos los datos de ninguna.

CUANDO LA GASTROENTERITIS ATACA

Cuanto menor es un bebé, menor es su peso y, por lo tanto, más debemos vigilar de cerca una gastroenteritis: la temperatura del bebé, las horas de los vómitos o de las diarreas, etc. Si las diarreas y vómitos son frecuentes se lo comunicaremos al pediatra rápidamente. También debemos saber que el bebé pierde agua; por lo tanto, es necesario darle biberones de agua con soluciones para hidratar. Si el bebé se lanza a coger el biberón es que realmente tiene necesidad de beber. Si no expulsa lo que ha ingerido del biberón, mucho mejor, pero seguiremos vigilándolo de cerca. Si vomita, no lo dudemos: vamos a urgencias pediátricas.

A tener en cuenta: tenemos tendencia a subestimar los efectos nocivos de la gastroenteritis o, en todo caso, de no preocuparnos lo suficiente por ella. Sin embargo, esta infección puede ser extremadamente peligrosa en bebés de menos de dos años. Por lo tanto, ante la menor duda, no dudemos en llamar al médico, incluso si lo hemos visto hace doce horas.

¡Todo va bien! ¿Podría ir mejor?

Clara ha dormido de un tirón esta noche: desde las 23h hasta las 6h. ¡No salgo de mi asombro! ¡No le he dado el pecho a mitad de la noche! ¡La vida cambia! Puede ser que Clara ya no se despierte más por las noches... Al final, este período de despertares nocturnos no habrá sido tan largo. Sea como fuere, como Clara ha dormido toda la noche, yo también. ¡Y me siento mejor que bien esta mañana! Descansada, con las ideas claras... Simón también: cuando canta al preparar el desayuno, como ha hecho esta mañana, quiere decir que tiene una forma olímpica.

Hace buen tiempo en la calle. No hace mucho calor... Podremos ir al parque e incluso hacer un pícnic. Va a ser genial. Preparo los bocadillos, la mosquitera que protegerá a Clara de las picaduras de las pequeñas bestias... compraremos patatas fritas... Pasaremos un día estupendo, ¡lo presiento! Además, me he preguntado si no podríamos ir a vivir al campo: para Clara el aire sería mejor que este aire contaminado de la ciudad. ¡Aparte, nunca he vivido en el campo! ¡Y Simón tampoco! A decir verdad, no estoy segura de que nos fuera a gustar... El verano está muy bien, pero ¿el invierno? ¡No sé por qué, pero el campo en invierno me inspira mucho menos!

¡Ya reflexionaremos sobre esto más tarde! De momento, vamos a hacer un pícnic al parque. ¡Adoro comer al aire libre! Escucharemos a los pájaros cantar, haremos la siesta bajo el cielo...

¡Me siento mejor que bien esta mañana! Descansada, con las ideas claras...

MODOS DE CUIDADO, COSTES, AYUDAS Y VENTAJAS FISCALES

Guarderías públicas: como hemos indicado anteriormente, las guarderías públicas pueden depender de los ayuntamientos o de los gobiernos de cada comunidad autónoma. Los precios varían considerablemente en cada región: pueden ir desde los 50 euros hasta los 500 o 600 mensuales.

Guarderías privadas: cada guardería aplica su tarifa.

Ayudas fiscales: deducción por maternidad. El artículo 83 del RD Legislativo 3/2004 (texto refundido de la Ley del IRPF) establece una deducción para las mujeres que trabajen fuera del hogar con hijos menores de 3 años de hasta 1.200 euros anuales por cada uno de ellos.

Otras Ayudas: 2.500 euros por nacimiento o adopción

Se establece un pago de 2.500 euros por cada nacimiento o adopción que tenga lugar en territorio español, con posterioridad a las 00:00 horas del día 3 de julio de 2007.

En los casos de nacimientos o adopciones múltiples, cada hijo o menor originará el derecho a la percepción de 2.500 euros.

Actualmente pueden comunicarse a la Agencia Tributaria y a la Seguridad Social los datos de los nacimientos o adopciones que darán lugar al cobro del pago de 2.500 euros, según lo dispuesto en el proyecto de ley de pago único por nacimiento o adopción aprobado por el Consejo de Ministros. Esta deducción o prestación no contributiva se cobrará mediante transferencia a partir de la entrada en vigor de la citada norma.

Más información en: **www.aeat.es** y en **www.seg-social.es**

Asimismo, pueden existir ayudas facilitadas por los gobiernos de las comunidades autónomas. Estas ayudas pueden ser diferentes en cada región. Para más información, visitad las páginas web de cada comunidad.

Tengo ganas de estar con Clara.

¿Y si me tomara mi baja maternal?

En un mes vuelvo al trabajo. En cuanto pienso en ello se me hace un gran nudo en la garganta. Me angustia pensar que pronto no veré a Clara. Además, es imperativo que encuentre a alguien para que la cuide; el ayuntamiento me acaba de enviar una notificación por la que me informa de que no tendré plaza para la guardería de Clara. En cierta forma, ¡mucho mejor! Creo que es demasiado pequeña para estar con ruido y rodeada de criaturas. Mejor buscaré una niñera. En casa, en cuidado compartido... no estaría mal. De todas maneras, no podríamos pagar un sueldo completo. Podríamos proponerle a los vecinos hacerlo juntos.

Al mismo tiempo, confiar mi hija a alguien que no conozco me da miedo. Podría dejar de trabajar y tomar la baja maternal. Económicamente saldría perdiendo, pero continuaría viéndola sonreír mientras duerme... Estaría ahí cuando empiece a balbucear. No tengo ningunas ganas de perderme todo eso. Tengo ganas de permanecer con ella y no tener que dejarla con alguien desconocido. ¿Y si no la cuida bien? ¿Y si no le cambia el pañal en todo el día? ¿Y si la deja llorando en la cama? ¿Y si no le da de comer? ¡Nunca se sabe! ¡No, realmente no puedo dejar a mi bebé! Esta noche le he dicho a Simón que dejo de trabajar.

¿DÓNDE ENCUENTRO NIÑERAS?

Hay maneras mejores que otras:

–Lo mejor es el boca a boca. Le decimos a todo el mundo que estamos buscando una niñera: a nuestros amigos, familiares, vecinos... pero también al personal de la guardería de la esquina. Alguna de ellas puede que vaya a prescindir de su niñera porque ya no le hace falta; entonces podremos encontrarla. Hacemos lo mismo con el peluquero, la esteticista, el carnicero o la panadera; estas personas pueden conocer a una familia agradable que busque otra familia para compartir la niñera.

–No dejar de lado los pequeños anuncios. Los dejamos y los consultamos en el servicio a la infancia del ayuntamiento (todas las familias de recién nacidos pasan por ahí en algún momento). También podemos hacer lo mismo en tiendas y en internet. Debemos esperar respuestas serias y respuestas fantasiosas. Para hacer la elección es interesante pedirle a las candidatas que nos envíen una carta de motivación; a menos que el contacto telefónico haya sido lo suficientemente bueno como para fijar ya una entrevista.

HACER QUE EL BEBÉ DUERMA A BUENAS HORAS

Desde el primer mes, el bebé puede dormir siete horas seguidas. Si es entre medianoche y las 7 de la mañana podemos pasar una buena noche, ya que no tendremos que despertarnos para el biberón de las 3h o las 4h de la mañana. Pero si el bebé duerme de las 19h a las 2h, ¡no es tan agradable! De todas maneras, antes de los dos meses y medio tendremos que respetar su ritmo.

Querer despertar al bebé a medianoche para alimentarlo (y evitar así el biberón en mitad de la noche) a menudo es una pérdida de tiempo: como no es su hora el pequeño no tomará prácticamente nada y se despertará unas horas más tarde. Para tomarse las cosas por el lado positivo, más vale decirse que tenemos una larga y bella noche por delante junto a nuestro pequeño compañero o compañera.

A partir de los dos meses y medio, podemos despertar al bebé para darle la comida de la noche (podemos reforzar el biberón con cereales: ver pág. 145, 65.º día): tenemos posibilidades para que la tome toda y ya no se despierte en toda la noche. Si rechaza la comida, paciencia, lo intentaremos de nuevo 2 o 3 semanas más tarde.

Simón ya no me mira como antes

Cuando Simón mira a Clara siempre tiene la misma actitud: inclina un poco la cabeza hacía un lado y hunde sus ojos en los de la pequeña. Su mirada es verdaderamente muy particular: es muy dulce y, al mismo tiempo, muy intensa. Me recuerda un poco a la manera en que Simón me miraba al comienzo de nuestra relación: siempre era muy tierno. Hoy en día, tengo la impresión de que Simón ya no me mira así. Sólo Clara tiene el derecho.

Honestamente, me hubiera gustado que él reservara esa mirada para mí y solamente para mí. Es un poco inútil pensar eso, ¿verdad? ¿No estaré celosa de Clara? Sería totalmente ridículo: no puedo estar celosa de un bebé, y menos todavía de mi bebé. Aunque sea una niña.

Sin embargo, no sé lo que me pasa desde esta mañana, cuando veo a Clara en los brazos de Simón me siento excluida. Tengo la impresión de que están tan bien los dos que no me necesitan. Salvo para lactar, quizás. Simón es amable, pero tengo la impresión de que ya no me mira. O más bien me mira como a una mamá cuidadora. Todavía tengo unos 15 kilos de más y él no me ha dicho nada; ni siquiera sé si se ha dado cuenta. Antes hubiera hecho algún comentario del tipo: «Estás buscando alguna excusa para comprarte un pantalón nuevo, ¿verdad?». Pero ahora es como si fuera invisible. Le da totalmente lo mismo que me cargue de kilos. Sólo de pensarlo me entran ganas de llorar...

> Cuando veo a Clara en los brazos de Simón me siento excluida.

LOS FAMOSOS LLANTOS DE LAS 19H

En algunas familias se habla tradicionalmente de los lloros de las cinco o de las siete, de lloros de angustia nocturna, de lloros por cólicos... Poco importan los nombres, una cosa está clara: muchos bebés se ponen a llorar sin razón aparente a última hora del día.

¿Qué pasa exactamente en ese momento? ¡No se sabe muy bien! Puede ser que el bebé esté cansado después de todo el día. O puede ser lo contrario, todavía tiene mucha energía y no tiene ganas de finalizar el día yéndose a dormir... En este caso, podemos ofrecerle una actividad (un baño, por ejemplo) para que se calme.

Los profesionales observan que los famosos llantos de las 17h suelen corresponder con los primeros bebés. Puede ser porque los papás son menos sensibles con el segundo bebé. También puede ser porque el bebé, fascinado por su hermano o hermana mayor, se distrae mirándolos.

Si no conseguimos calmarlo y ya ha comido, está limpio, lo hemos acunado, le hemos cantado 10 veces la canción de cuna que él normalmente adora... Es quizás el momento de pasarle el relevo a su padre, a la madre, al vecino, etc. Efectivamente, si nosotros estamos un poco inquietos porque no conseguimos calmarlo, él notará nuestra irritación e inquietud y se pondrá todavía más nervioso. ¡Es inútil entrar en este círculo vicioso!

CUANDO QUEREMOS EMPEZAR A TRABAJAR YA

Profesiones liberales, estudiantes... algunas de nosotras no nos beneficiamos de la baja por maternidad clásica (de 16 semanas en total) y tenemos que empezar a trabajar antes que otras mamás.

Ellas están casi obligadas por imperativos financieros (la renumeración de la baja maternal de las profesiones liberales es diferente de las asalariadas) o de las obligaciones del calendario (las clases empiezan). Cada una tiene razones más que justificadas, pero para que esta separación sea bien experimentada por el bebé tenemos que tener una cosa clara: volvemos al trabajo, o a la facultad, porque eso nos conviene (y tenemos derecho).

Sin embargo, para evitar la frustración y el sentimiento de culpabilidad de no dar lo suficiente, es bueno, si es posible, quedarse en casa una vez a la semana (aparte del fin de semana, ¡claro!) y pasarlo tranquilamente con el bebé.

Mi primera tarde sin Clara

He salido de casa hace unas dos horas con la intención de mirar tiendas de ropa, a ver si me motivo para perder mis kilos de más, pero nada me gusta. No logró fijar mi atención. Veo los escaparates sin realmente mirarlos. Como ya estaba cansada de caminar, me he sentado en una cafetería donde he quedado con Fabiola, una amiga con quien iré al cine.

Pero desde que he salido de casa no paro de pensar en Clara. En este mismo instante está con mi madre. He extraído leche para dejarle un biberón. Creo que voy a volver ya. Por supuesto, desde hacía días tenía ganas de tomar el aire sin Clara. Pero ahora que estoy aquí, esperando a Fabiola, no paro de pensar en mi bebé. Sé que mi madre se ocupará de ella tan bien como si fuera yo misma, pero tengo el sentimiento horrible de haberla abandonado por algo fútil, inútil e irrisorio: ¡ir al cine! Podría quedarme con mi hija y esperar a den por la tele la película.

¿Clara piensa en mí en este momento? ¿Se preguntará dónde estoy? ¿Pensará que la he abandonado y ya no regresaré? ¿Qué estará haciendo? ¿Dormirá? ¿Llorará? Tengo ganas de telefonear. ¿Por qué no vuelvo? Después de todo, Fabiola podrá comprender que prefiero estar con mi hija. ¡Incluso el hecho de mirar escaparates no me ha dicho nada! Es de locos: ¡la última vez que no tuve ganas de salir de compras con una amiga fue cuando estaba clavada en la cama con 40º C de fiebre! Ahora, ¡me siento clavada a mi casa y a Clara!

Tengo el sentimiento horrible de haber abandonado a Clara.

LA PEQUEÑA BEBÉ CRECE

Generalmente, los pequeños adoran las cosquillas. Por lo tanto, ¡cuando el bebé parece bien despierto podemos alegrarnos de todo corazón! Nuestros dedos parten de sus tobillos y suben hasta su cuello. Al mismo tiempo le murmuramos «es la pequeña bebé que crece, que crece, que crece...».

Podemos hacerlo indefinidamente: cuanto más subimos y bajamos, más ríe, ríe y ríe el pequeño. Grandes besos en su vientre también le divierten mucho. Inclina la cabeza hacia delante y flexiona sus piernas sobre su vientre; es un reflejo. Esto no quiere decir que no le guste ¡Al contrario! Su risa lo demuestra: ¡le encanta!

EL EXTRACTOR DE LECHE PARA RESPIRAR UN POCO

De acuerdo, lactar es fantástico si una lo ha escogido. Esto no impide que, de vez en cuando, tengamos el derecho de estar cansadas y queramos tomar el aire sin el bebé. Para poder respirar, no vale la pena dejar de lactar y pasar a la leche en polvo, podemos extraer nuestra leche.

—Con un extractor de leche manual (de venta en farmacias o en tiendas especializadas). Su utilización es fácil: se coloca una especia de ventosa sobre el pecho, la cual tiene una pera que activamos con la mano. La estimulación del pezón hace surgir la leche. Ésta se recoge en un biberón unido al aparato gracias a un tubo de plástico.

Bueno saberlo: no funciona siempre, ya que el aparato a veces no tiene suficiente fuerza para extraer la leche.

—Un extractor de leche eléctrico: se puede alquilar en algunas farmacias. Este aparato sí tiene suficiente fuerza para extraer siempre leche.

Sea cual sea el utensilio escogido, llenar un biberón lleva su tiempo. Mejor hacerlo con antelación. También es posible extraer el equivalente a uno o dos biberones en varias veces. La leche se conserva en la nevera durante 48 horas y en el congelador 6 meses (acordaos de poner una etiqueta en el biberón indicando el día y la hora a la que se extrajo la leche). Evidentemente, nunca se puede volver a congelar un biberón descongelado. Y, en todos los casos, si el bebé no se termina el biberón, el resto lo tiramos.

DIARIO DE SIMÓN
Creo que Laura tiene ideas extrañas...

Ha sido lo mejor del año: Laura me acaba de decir que quería dejar de trabajar y tomarse una baja maternal para quedarse con Clara. ¡No me lo puedo creer! Laura... Mi Laura... Quiere quedarse en casa... Nunca me lo hubiera imaginado. Laura es incapaz de quedarse quieta. Antes del nacimiento de Clara, no podía quedarse ni una tarde en casa: necesitaba salir y ver gente.

Cuando dicen que un bebé cambia la vida... ¡es verdad! Pero no pensaba que también cambiaría a la persona. Y que Laura tendría ganas de quedarse en casa cuidando de la pequeña... ¡Es increíble!... Realmente quiero que coja la baja maternal: si quedarse en casa cuidando a Clara la hace realmente feliz. Pero me temo que no le placerá mucho tiempo. De momento, está contenta: hace buen tiempo y se va a pasear con la pequeña dentro del portabebés. Tiene varias amigas de vacaciones que pasan a verla por casa con frecuencia. Su madre viene regularmente... Pero cuando llegue el frío, Clara esté un poco enferma y no pueda salir, no tengo la certeza de que Laura aprecie la idea de quedarse en casa. También sus amigas del trabajo pueden dejar de venir. Por supuesto, si ese momento llega, siempre podrá retomar el trabajo.

Esto no impide que me inquiete un poco la idea de tomar una baja maternal: me da la impresión de que la idea de dejar a Clara podría deprimirla...

INTERRUMPIR EL HIPO

Normalmente, el hipo se produce cuando el bebé tiene el vientre lleno: el primer hipo aparece unos diez minutos después de la comida. Nada grave.

Pero cuando los hipos se encadenan durante un buen rato provocan pesadez y cansancio. El bebé empieza a llorar, ya está cansado de la molestia. Podemos parar el hipo dándole leche (con el biberón o con el pecho). Esto funciona (casi siempre), pero nadie puede afirmar que diez minutos más tarde el hipo no vuelva. Podemos volver a darle un poco de leche, pero tampoco vamos a atiborrarlo cada diez minutos por culpa del hipo.

Mejor será desviar su atención jugando con él, acunándolo o cantándole una canción... No hay garantías de que esto funcione pero, al menos, le haremos pasar un buen rato.

Sea lo que sea, no es inquietante. La prueba: muchos bebés tienen hipo en el vientre de la madre. ¡Y entonces no hacemos una montaña de un grano de arena!

¡AVISO DE CONTAMINACIÓN EN CASA!

La contaminación no es sólo la de los coches o la de las chimeneas de las fábricas. Si nos fijamos, en las casas pululan olores tóxicos: cigarrillos, productos de limpieza... que pueden contaminar el aire que respiramos bajo nuestro propio techo.

Para preservar la atmósfera, es importante verificar que el sistema de ventilación de la casa funcione correctamente (pensad en limpiar, de vez en cuando, las bocas de ventilación). Además, es necesario pensar en abrir las ventanas cuando limpiamos los suelos, el fregadero y los lavabos...

Evitar absolutamente la mezcla de productos de limpieza en los lavabos (nada de lejía con otros desinfectantes).

Pensad en airear las habitaciones cada día (incluso 5 minutos en pleno invierno es mejor que nada).

Finalmente, si limpiamos en seco cortinas, fundas de sofá o ciertos vestidos frágiles en el *self-service* (es decir, en las lavanderías automáticas y no en la tintorería), respetaremos escrupulosamente las directrices indicadas en las máquinas y el modo de empleo del detergente, para no llevar a casa prendas impregnadas con olores particularmente tóxicos para el bebé y los demás habitantes de la casa.

DIARIO DE SIMÓN
Doy el biberón

Laura había extraído leche para que yo se la diera a Clara. ¡Tenía ganas de alimentar a mi hija! Pero al final el tema ha fracasado. Cuando Clara ha empezado a llorar, Laura me ha dicho que eso quería decir: «¡Tengo hambre!». Ahí me he puesto a correr: he cogido las dos dosis de leche que Laura había preparado, pero como los biberones estaban en el congelador tenía que descongelarlos. Los he puesto en agua hirviendo y, enseguida, ha pasado un cuarto de hora. Clara lloraba cada vez más fuerte. Laura no se atrevía a decir nada, pero pensaba tan fuerte que la oía decir «es demasiado tiempo...».

En el momento en que iba a darle el biberón a Clara, Laura me ha aconsejado que primero probara la temperatura con mi puño. Tenía razón, quemaba. Además he gritado y Laura ha corrido hasta la cocina. Le he preguntado cómo podía enfriar la leche. Clara lloraba. Estaba en los brazos de Laura y veía a la pequeña buscar con la cabeza el pecho de su madre. Laura me ha dicho: «Espabílate y pasa el biberón por agua fría y dale de comer a Clara. No debe de estar entendiendo nada, ¡estoy segura de que siente mi leche!». Resumiendo: estaba estresado. He tomado a Clara en brazos y Laura se ha ocupado de enfriar el biberón. Cuando finalmente Clara ha podido empezar a beber, los dos hemos suspirado de alivio.

Clara ha bebido con mucho gusto. La oíamos tragar. Laura y yo nos hemos mirado y hemos empezado a reírnos. ¡Cuánto estrés por un biberón! Sí, verdaderamente, el pecho es mucho más simple.

BEBÉ TROTAMUNDOS EN AVIÓN

¿Llevar al bebé a la otra punta del mundo en avión? ¡Por qué no! Con la condición de que haya recuperado su peso de nacimiento y no acabe de salir de la maternidad. Y, por supuesto, que no sea prematuro. Además de esto, si no tiene una otitis, ¡nada que oponer! Para evitar que pueda tener dolor de oídos, le haremos tomar leche (con el biberón o con el pecho) al despegar y al aterrizar.

Antes de embarcar, más vale saber que hay numerosos microbios en la climatización de un avión. Y, a causa de su edad temprana, el bebé es mucho más sensible que los adultos. De la misma manera, el cambio de hora y de clima es más difícil de soportar para él (pasar del frío de nuestros inviernos al calor de las Antillas, por ejemplo, es difícil para las funciones de su organismo, que se habituará con lentitud).

Por lo tanto, antes de comprar los billetes, preguntémonos si este viaje, que va a perturbar la tranquila vida de nuestro bebé, es verdaderamente útil. Si es simplemente un viaje de placer podemos aplazarlo para el año que viene: ¡tanto el bebé como sus padres lo disfrutarán más!

EL BEBÉ CONFUNDE LA NOCHE Y EL DÍA

El bebé duerme todo el día, pero durante la noche es otra historia: se monta juergas, llora... ¿Será ya un pequeño noctámbulo?

No necesariamente, pero puede que todavía viva con el ritmo de su vida fetal: en efecto, el bebé empieza su actividad cuando su mamá, embarazada de éste, se acuesta.

Muchos niños tienen dificultades para dormir en un silencio absoluto. Necesitan oír sonidos familiares alrededor de ellos: la radio, los coches, la lavadora... Pero a las 3 de la mañana, la atmósfera de la casa es particularmente calma.

Por otro lado, a partir del mes el bebé empieza a dormir menos (aunque todavía necesite muchas horas de sueño). Tiene necesidad de activarse un poco, y nosotros podemos proponerle varias actividades (masajes, jugar con sus manos o sus pies...) para que libere su energía. A continuación, tendrá un cansancio que le conducirá al sueño.

¿Pablo será bautizado o no?

Hace tres meses mi primo Francisco y su mujer, Natalia, tuvieron un bebé: Pablo. Como nunca lo había visto, he ido hoy a su casa con Clara. Francisco no estaba porque trabajaba. No importa, me entiendo muy bien con su mujer. Pues sí, no hemos parado de hablar sobre nuestros bebés. La charla era más bien divertida y alegre hasta que me ha comentado que Francisco y ella estaban en desacuerdo desde el nacimiento de Pablo: Francisco quiere bautizarle y ella querría que fuera circunciso.

Es extraño, porque ni él ni ella habían mostrado nunca un gran fervor religioso. Por otra parte, se casaron en el ayuntamiento y no se plantearon ninguna ceremonia religiosa. Y, durante toda la preparación de su casamiento, nunca los oí arrepentirse. Es curioso, ahora discuten por algo así. Además, no entiendo cómo no habían abordado antes el tema de la educación religiosa de su hijo, antes incluso de que naciera. Me imagino que cada uno tendría su punto de vista. ¿Por qué no se han puesto de acuerdo durante el embarazo? Simón y yo lo hablamos y nos dijimos: «que Clara escoja cuando sea mayor».

Al escuchar a Natalia, me he preguntado si Francisco y ella ya habían discutido, a grandes rasgos, por supuesto, el tipo de educación que querían darle a sus hijos. Todo me hace pensar que no. De repente, me he dicho que Simón y yo deberíamos hablar de las salidas nocturnas de Clara cuando sea mayor. Tenemos algunos años por delante antes de encontrarnos con el problema, ¡pero eso nos da tiempo para reflexionar!

¿Por qué no hemos abordado este tema antes?

LIMITAR LOS RIESGOS DE ALERGIA
Dos tipos de alergia amenazan a los más pequeños:
–Las alergias alimenticias. Suele darse en los primeros meses de los bebés alimentados con leche materna: pueden tener alergia a la leche de vaca. Eso suele provocar manifestaciones espectaculares: vómitos, mareos, erupciones... que aparecen a partir del primer o segundo biberón. Si eso ocurre, debemos consultar inmediatamente. El médico le prescribirá una leche especial. Y como una alergia puede esconder otra, esperamos hasta los seis meses para que el bebé empiece a tener una alimentación variada.

–Los ácaros y otros pneumoalérgenos (fuentes de alergia que pululan por el aire). Estas manifestaciones alérgicas se daba sobre los dos o tres años, pero es necesario limitar los contactos con alérgenos desde el nacimiento (¡los famosos ácaros!). Así pues, prohibida la moqueta en la habitación del bebé. También es importante airear con frecuencia las camas y las habitaciones.

¡BEBÉ A BORDO!
Hasta los 6 o 9 meses podemos poner al bebé en una cuna de coche; se instala en el asiento trasero y se fija al cinturón de seguridad. También puede ir en el asiento de delante, en una silla para coche, a condición de que no haya *airbag* en ese lado. Si no, irá detrás y de espaldas a la carretera, ya que en caso de accidente o frenada brusca el bebé chocará con los asientos delanteros. Si está de frente su cabeza saldría hacia delante.

Incluso si vamos a dar un paseo corto por el barrio siempre fijaremos la cuna o el asiento especial con el bebé bien asegurado, ya que un simple frenazo podría tener consecuencias dramáticas.

Si hace mucho frío en el exterior, será necesario caldear el coche antes de que entre el bebé.

Si hace mucho calor, pondremos el aire acondicionado antes de que el bebé entre.

Y una media hora antes de llegar a nuestro destino podemos empezar a subir la temperatura para que el bebé no note un cambio brusco de temperatura entre el interior y el exterior. ¡Esto evitará un golpe de calor! Ponemos también atención a las fijaciones que sirven para asegurar al pequeño; si están expuestas al sol podrían llegar a quemar al bebé en caso de contacto.

Si el trayecto va a ser largo debemos tener en cuenta que será más lento que antes de tener al bebé. Las pausas para que el bebé coma, beba, se cambie, etc., son obligatorias.

¡31 velas y un bebé guapo!

"Hoy ha sido el cumpleaños de Simón. Tiene 31 años. ¡Es de locos! Hace casi diez años que nos conocemos. Es verdad que no notamos pasar el tiempo. Hemos decidido festejarlo en la intimidad: nosotros dos y Clara. Qué diferencia con el año pasado: para sus treinta años estábamos rodeados de todos nuestros amigos, hermanos, hermanas y primos... Decidimos hacer una gran fiesta. Cuando pienso en ella, me digo que fue la última fiesta donde realmente me divertí. Después hubo aquella de los treinta y dos años de nuestra amiga Cintia, pero no me divertí nada; fue al principio de mi embarazo y tenía náuseas todo el tiempo. Me acuerdo de que me dije que me pondría de nuevo al nivel para el siguiente cumpleaños de Simón y que haríamos una gran fiesta. Pero ahora prefiero que nos quedemos los tres. He hecho un gran pastel de chocolate y he comprado un buen cava que sólo tomará Simón (ya que refunfuñará si yo pruebo una gota...). Pero me acabo de dar cuenta de que he olvidado comprarle un regalo. Por suerte está Clara: ¡un bonito bebé es un buen regalo para soplar 31 velas!"

¡Olvidé totalmente comprar un regalo!

CÓDIGO DE BUENA CONDUCTA ENTRE NIÑERA Y PAPÁS

Tener buenas relaciones con quien cuida a nuestro bebé permite tener a una niñera alegre, un bebé risueño y unos padres que se van a trabajar con el corazón tranquilo.

–Nosotros seremos tan puntuales como ella; si tenemos un contratiempo y podemos llegar con retraso, la llamamos para prevenirla... y nos excusamos.

–Somos legales: le pagamos con puntualidad. Y si ella avanza dinero para comprar el pan, medicamentos, etc., se lo devolvemos inmediatamente.

–En caso de horas extra: se las pagamos inmediatamente o le proponemos que las recupere pronto.

–Un pequeño extra en Navidad y otro en vacaciones siempre es agradable.

–Algunas niñeras que trabajan a domicilio aceptan enseguida tener que hacer tareas del hogar. Pero esto es realmente una sobrecarga de trabajo (sobre todo cuando el cuidado es compartido). ¡Evitemos ser muy exigentes!

–Si hace alguna cosa que no nos gusta se lo comentamos sin problema.

–Definimos pronto el tema de las vacaciones para que todos se puedan organizar.

¡UN BEBÉ CÓMODAMENTE VESTIDO!

–Los materiales: de algodón, y nada más que algodón, sobre todo para las prendas en contacto directo con la piel.

–Cómo vestirlo: ¡de manera práctica! A los bebés no les gusta ser vestidos, desvestidos y vueltos a vestir... Evitaremos tener que quitarle mucha ropa para poder cambiarlo.

–Respetemos el barrigón de los pequeños: como tienen un vientre redondo, evitaremos todo lo que les apriete la cintura, sobre todo a los que regurgitan, ya que corren el riesgo de vomitar aún más si tienen el vientre comprimido. Escoger, preferentemente, entre pijamas de una pieza o petos.

Las prendas indispensables

–Los bodys: indispensables para sostener el pañal y proteger el vientre, sobre todo en invierno.

–Los pijamas de algodón aterciopelado para el invierno y algodón ligero para el verano.

–La combinación integral de «piloto» (que protege los pies) con capucha y guantes integrados para afrontar las heladas.

¿Por qué han venido todos el mismo día?

Hoy ha habido un verdadero desfile en casa. Ha empezado con mis padres: «¡Pasábamos por el barrio!», ha dicho mi madre. Como no era nada creíble esa respuesta, mi padre se aguantaba la risa detrás de ella. Qué rara es mi madre, ¿no me podría haber dicho: «Teníamos ganas de ver a Clara»? Sería más simple, ¿no? No tengo nada en contra, al contrario, me gusta que mi madre esté deseosa de ver a mi hija.

Por supuesto, Simón y yo les hemos propuesto que se queden a comer. Inicialmente, mi madre ha rehusado débilmente... pero ha acabado por aceptar nuestra invitación. Como es habitual, mi padre ha cocinado.

Después de comer, mi suegro y su mujer han venido a tomar un café. Entonces he empezado a pensar si habían quedado en nuestra casa. Por la tarde ha venido mi abuela y su marido. Por suerte, mis suegros se llevan bien después del divorcio, si no podríamos haber vivido una crisis diplomática. De repente, me ha parecido agradable que Clara tuviera a todos los papás y mamás alrededor de ella. Pero al cabo de un momento, con tanto ruido, agitación y cafés para servir, me he mareado. Me han entrado ganas de que se fueran para que Simón, Clara y yo pudiéramos estar solos. No sé si es que se han visto mis intenciones, pero Simón ha pensado lo mismo y les ha pedido que se fueran. Realmente hemos quedado como unos patanes, pero ¡qué calma tan agradable después de que se marcharan!

> De repente, me ha parecido agradable que Clara tuviera a todos los papás y mamás alrededor de ella.

UN POCO DE PRESIÓN PARA CONSEGUIR PLAZA EN LA GUARDERÍA

Como hay más demanda que plazas, más vale multiplicar los trámites si queremos con firmeza que nuestro bebé sea cuidado en una guardería.

–Algunos días después de salir de la maternidad ya podemos acercarnos a la guardería pública más cercana para informarnos de los trámites necesarios.

–Pedimos una entrevista con la directora de la guardería para que nos informe de los pasos que debemos seguir.

–A continuación seguimos «ocupando» terreno discretamente, sin ser demasiado insistentes: podemos, por ejemplo, telefonear al ayuntamiento para saber dónde se comunicará la atribución de plazas en la guardería. Es importante dar bien nuestro nombre y nuestra fecha de vuelta al trabajo para que no nos olviden. Y lo mismo con la directora de la guardería: no dudamos en llamarla para recordarle cuánto deseamos esa plaza.

PROVOCAR UN INTERCAMBIO DE MIRADAS

Los médicos tienen sus trucos para entrar en contacto con los bebés. También podemos aprovecharnos de ellos y utilizarlos. Antes que nada, es necesario que el bebé esté en buena disposición (es decir: bien seco, con el estómago lleno, sin frío, sin calor ni ganas de dormir). Lo situamos frente a nosotros, a la misma altura, encima de la tabla de planchar, por ejemplo.

Le ponemos una mano en la nuca y le levantamos la cabeza para que esté medio sentado. En esta posición, el bebé normalmente se siente relajado. Por otro lado, veremos, a menudo, su carita distendida y sus ojos y sus puños abiertos. Si ponemos nuestra cara cerca de la suya puede ser capaz de seguir nuestros ojos. ¡Un tierno intercambio de miradas causa la felicidad tanto del pequeño como del adulto!

Pero ¿cuándo se dormirá?

La radio marca que son las 4h 22m de la mañana. Clara está despierta desde la 1 de la mañana. Empieza a quejarse cuando la dejo en la cama. Es horrible. ¡No puedo más! Cuando pienso que hace unos días durmió sin parar... Creía que los despertares nocturnos se habían terminado. ¡Vaya error! No se habían acabado para nada: esa noche sin despertarse incluso pudo haber sido un accidente. Las siguientes noches volvieron a estar cortadas por despertares para comer, pero la pequeña volvía a dormir después de comer.

Esta noche es peor que las otras: Clara no duerme después de haber comido. Es infernal. Estoy reventada. Hecha polvo. Extenuada. Deambulo por la casa con Clara en brazos como un alma en pena. No me atrevo ni a sentarme en el sofá, ya que tengo miedo de quedarme dormida y que se me caiga; así de cansada me siento.

De repente no paro de andar. Los ojos me pican. Cada vez que paso delante del espejo del pasillo me da la impresión de que mi cara empeora a cada vuelta que doy. Mañana pareceré un zombi. No aguantaré. No quiero que Simón me releve, mañana trabaja y tiene una reunión importante. Necesita dormir. Pero yo también necesito dormir. Mañana, quizás, le pediré a mi madre que venga. Pero ¿cuándo va a dormirse Clara?

Creía que los despertares nocturnos se habían acabado...

ENTREVISTA DE CONTRATACIÓN: MODO DE EMPLEO

El *feeling* que tenemos con la persona que supuestamente puede cuidar a nuestro bebé es a menudo un buen indicador. Si, desde el primer encuentro, no tenemos buenas sensaciones, no vale la pena insistir.

–La asistente materna

La vamos a conocer con el bebé a su casa, así conoceremos a su familia y también veremos si tiene espacio, juguetes, protectores de bordes, protectores de enchufes, barreras de seguridad... También pedimos ver el lugar donde el bebé hará su siesta.

Las preguntas que haremos:

¿Cuántos niños cuida? El máximo aceptable es tres a tiempo completo. De lo contrario, podría limitar la seguridad. ¿Qué motivaciones tiene? ¿Qué es lo que más le gusta de la compañía de los niños? ¿Qué actividades propone? ¿Tiene que ir a buscar a niños al colegio? Así sabremos si nuestro bebé sale todos los días. ¿Aceptará al bebé si está enfermo y no es contagioso?

–La niñera en casa

Intentamos verla a solas y luego con el bebé para así ver cuál es su actitud y si hay buenas sensaciones entre ellos. Si pide cogerla en brazos, lo hace bien y parece lo suficientemente tierna, ¡ya es un buen comienzo!

Preguntas que hacer:

¿Tiene referencias? No dudemos en contactar con los que la contrataron anteriormente. ¿Por qué quiere cuidar niños? ¿Qué aprecia de su trabajo? ¿Cuál es su situación personal? Si tiene niños, le preguntaremos cómo lo hará cuando éstos se pongan enfermos. ¿Dónde vive? En el mismo pueblo o ciudad es mejor, ya que así evitaremos problemas de transporte (huelgas, embotellamientos, etc.). ¿Cómo piensa organizar el día? Si piensa no salir de casa si hay viento o, al contrario, si piensa salir haga el día que haga...

Otra cuestión: ¿fuma?

En todos los casos, no hay una respuesta ideal. Pero este tipo de entrevista nos permite hacernos una idea. Si una posible niñera no ve ningún problema y acepta todo lo que le pedimos, ¡desconfía! Puede ser que con el deseo de ser contratada olvide ser honesta.

Último consejo: no firméis ningún contrato sin antes ver sus papeles en regla y cercioraros de que no tiene antecedentes penales.

¡La norma soy yo!

¡Vaya historia! Vuelvo de la guardería, donde he tenido una viva discusión con una llamada «profesional» de la infancia. Me ha irritado: primero ha empezado diciéndome que no debería dejar que Clara se durmiera en mi pecho. Luego me ha hecho muchas preguntas sobre nuestra vida cotidiana. Me decía si la dejaba llorar por las noches. Si le daba de comer a horas fijas o cuando me pedía. Cada vez que le respondía, me replicaba: «¡Oh, pero no es así como hay que hacerlo!». ¡Increíble! Ya sé que tendría que tener la inteligencia de no responderle. Pero me irritaba tanto con sus aires de señorita sabelotodo que he discutido, he argumentado y he contrargumentado.

Según ella, no debemos coger a los bebés en brazos todo el tiempo, ya que entonces se vuelven caprichosos. No debemos darles de comer cuando lo pidan, porque luego tendrán miedo a que los abandonen (pero qué cosas... No sé de dónde las ha sacado...). Debemos dejarles dormir por las noches, si no se despertarán siempre...

Cuando pienso que confiamos a los hijos a personas que tienen ideas semejantes... Finalmente me ha hablado de las normas que se aplican con los bebés. Entonces le he dicho que mi pediatra me había aconsejado que a los que dan lecciones les diga: «¡La norma es mi bebé y yo!». ¡Esto le ha hecho cerrar el pico!

Cuando pienso que confiamos nuestros hijos a personas que tienen semejantes ideas...

¿PARA QUÉ SIRVEN ESTAS VITAMINAS?

Todos los bebés salen de la maternidad con un recetario de vitaminas digno de un deportista de elite. No es que los médicos quieran doparlos, es para asegurarles un buen crecimiento.

–**La vitamina D:** todos los pequeños tienen derecho a tomarla, desde que nacen hasta los cuatro años. Ésta permite asimilar bien el calcio, que es necesario para tener los huesos sólidos.

–**El flúor:** mientras nuestros bebés hagan más de 6 comidas al día será inútil dárselo, ya que la cantidad de leche en su estómago anula el efecto del flúor. Posteriormente, y hasta los dos años, es importante tomarlo para tener los dientes bien sanos y hermosos. Después de los dos años un cepillado con pasta dentífrica con flúor tomará el relevo y ya será suficiente, ya que demasiado flúor puede ser también nocivo para la salud de los dientes.

–**La vitamina K:** todos los bebés la reciben en la maternidad. A continuación, se reserva a los recién nacidos alimentados con leche materna. Damos un botellín a la semana. Sirve para fabricar proteínas que permiten a la sangre coagular en caso de herida. A la que pasamos a la leche en polvo, o incluso a alternar ambas leches, paramos de tomarla, ya que la leche en polvo la contiene.

PARA CASOS GRAVES: UNA BAJA ESPECIAL

Si el bebé está muy enfermo o tiene alguna minusvalía, puede necesitar a su lado a papá y a mamá. Si trabajamos, podemos pedir una baja de presencia paternal. **Más información en: www.seg-social.es.**

A tiempo completo o parcial. Se concede por cuatro meses renovables dos veces más (en total un año). El fondo de prestación familiar puede conceder la prestación de presencia paternal. Para ello, es necesario disponer de un certificado médico que exija la presencia necesaria de uno de los dos padres durante un tiempo de al menos cuatro meses. Con la condición, evidentemente, de reducir o cesar efectivamente su actividad.

A tener en cuenta: papá y mamá pueden turnarse junto a su pequeño y percibir cada uno una prestación por presencia paternal a tiempo parcial.

La suma de las ayudas:

–**Si dejamos de trabajar totalmente:** 841,42€ si vivimos en pareja, y 999,19€ si vivimos solos.

–**Si trabajamos a tiempo parcial:** 420,73€ (en pareja) y 525,90€ (solos).

–**Si trabajamos entre un 50% y un 80% de nuestro tiempo completo:** 256,34€ (en pareja) y 338,96€ (solos).

Dudo en llamar al médico

Clara ha tenido cuatro veces diarrea desde esta mañana. Es molesto, pero ¿es grave? No sé nada. Mi madre no está localizable e Ingrid tampoco... No conozco a nadie más que me pueda aconsejar, tienen experiencia. Por supuesto, está mi pediatra, pero no me atrevo a llamarla. Tengo miedo de molestarla. La llamo tan a menudo... Va a acabar harta de mí y de mis angustias. Además, hay que ahorrar en salud, ¿no? Es necesario no consultar más por según qué...

He intentado llamar a Simón al trabajo, pero estaba en una reunión. Si él estuviera aquí yo estaría mucho menos estresada. De momento, Clara duerme y no parece tener dolor alguno, pero estas diarreas me inquietan. Recuerdo haber leído, cuando estaba embarazada, que puede ser grave. Debería llamar a la pediatra...

Después de todo, ella ya me dijo que a la edad de Clara no debíamos dudar en consultar cuando estábamos angustiados. Según ella, esto permite prevenir y tranquilizar a los padres, evitando así que continúen angustiados hasta la noche y, al final, con la angustia aumentando, vayan a urgencias.

También es la ocasión para informarse de qué hacer la próxima vez que nos encontremos en un caso semejante. En resumen, según ella, telefonear cuando el bebé es muy pequeño y estamos inquietos evita tener que consultar muchas otra veces. Así que creo que la llamaré. Incluso aunque no sea grave, ella no me responderá como si la hubiera molestado. Así tendré el corazón tranquilo para esta vez y las siguientes...

Si él estuviera aquí, yo estaría mucho menos estresada.

UN HOGAR 100% SEGURO

Pronto el bebé comenzará a desplazarse, a cogerse a los muebles, a caminar a cuatro patas... (algunos bebés precoces comienzan a los 6 o 7 meses). Explorará su universo familiar: el hogar.

Incluso aunque ese momento parezca muy lejano, más vale instalar ya algunas protecciones, ya que, normalmente, ¡la primera animalada no la vemos llegar! Si tenemos escaleras en casa, por ejemplo, no hay necesidad de esperar a que al bebé se le ocurra bajarlas a todo trapo, podemos poner ya una barrera.

Lo mismo con los enchufes eléctricos: mejor será esconderlos ya. Lo ideal son los enchufes provistos de protecciones que se cierran al desenchufar el aparato. Los cantos de la mesa, éstos también deben estar protegidos. Más vale retirar también los adornos de las estanterías bajas y ponerlos en las estanterías superiores.

Los productos de limpieza: ya podemos ponerlos en algún armario y en un lugar alto. ¡Así ya estará hecho!

BEBÉ EN LA MONTAÑA

¿Salir a la nieve en pleno invierno cuando el bebé sólo tiene unas semanas?

Nada se opone, pero una cosa está clara: el bebé no encontrará allí nada interesante y alterará su ritmo de vida y sus pequeños hábitos de los que necesita para sentirse seguro. Pero si no lo podemos hacer de otra manera, es esencial que le proporcionemos confort y seguridad.

–Evidentemente, debe estar cubierto: combinación integral, guantes, gorro y bufanda.

–Lo paseamos sólo por la estación y exclusivamente dentro de su cochecito con la capota bien extendida y la pantalla bien colocada.

–Si no somos unos montañeros aguerridos acostumbrados a caminar por la nieve, evitaremos llevar al pequeño en el portabebés ventral, ya que podríamos caernos (el hielo invisible debajo de una película de nieve es siempre posible). Y, por supuesto, ¡no vamos a las pistas de esquí con el bebé!

–Nunca tomaremos el telesilla con él: eso lo expondría al viento y al frío.

–Si el sol brilla, el bebé no debe estar expuesto. Le aplicamos protección solar y le ponemos gafas de sol de buena calidad.

DIARIO DE SIMÓN
Mi gesto personal...

Cuando regreso por la noche hay un momento que adoro: cuando pongo un dedo en la manita de Clara y le hago cosquillas en la palma. Es una manera de mostrarle que ya llegué y que estoy a su disposición. Muy a menudo, ella está durmiendo y no sé si siente alguna cosa, pero la idea de hacerle un pequeño signo que le indique mi presencia me complace. Al mismo tiempo la miro: es tan bonita. La intento imaginar cuando vaya creciendo (la niña, la jovencita y luego la mujer que será). Es fascinante mirar a un ser humano minúsculo e imaginar qué cara tendrá.

Al mirar a Clara durmiendo, también pienso en todo lo que va a vivir: los encuentros, las decepciones, los éxitos y los errores, sin duda... Para acompañarla en todos los momentos de la vida, me gustaría que siempre hubiera este gesto entre ella y yo: mi dedo haciéndole cosquillas en su palma y diciéndole que estoy ahí, cerca de ella, protegiéndola.

Me gustaría que el sentimiento de mi presencia junto a ella la impregne completamente, de manera que crezca sabiendo que, incluso aunque no esté allí presente físicamente, lo estoy con mi pensamiento. Me gustaría que esto le proporcionara un sentimiento de seguridad tal que se atreviera a todo más tarde. También me gustaría que se acordara con ternura de este gesto cuando se convierta en una anciana de cabellos blancos que mira las fotos de sus padres...

BUSCANDO FAMILIA PARA EL CUIDADO COMPARTIDO

Nada como el boca a boca para encontrar la familia con la que podríamos compartir la niñera. Pero antes de hablar de ella definiremos ya su retrato robot: debe vivir cerca de casa o en el trayecto hacia el trabajo (ya que si debemos dejarlo y recogerlo dos semanas al mes y debemos dar muchas vueltas, eso nos complicará la vida). También es mejor que el otro bebé tenga la misma edad que el nuestro, así crecerán juntos...

En las tiendas del barrio podemos dejar anuncios y también en el servicio a la infancia de nuestro ayuntamiento. Una vez hemos encontrado candidatos con los que compartir, vamos a visitarlos a sus casas: será el momento de ver si tienen animales domésticos (cada uno verá si esto le molesta o no), si los bebés dormirán en la misma habitación o en habitaciones separadas, si el lugar está limpio, tiene fácil acceso (en pisos, por ejemplo, más vale que haya ascensor para que la niñera no tenga que dejar a un bebé solo mientras sube al otro...).

A continuación nos ponemos de acuerdo sobre los puntos que nos parecen esenciales: ¿nos encargamos de llenar la nevera con productos frescos (legumbres, verduras, frutas, carne, pescado...) para que la niñera pueda cocinar buenos platos para los niños o preferimos potes preparados? ¿Alguien tiene una marca preferida de pañales? Si uno de los bebés está enfermo ¿el cuidado puede hacerse en su casa incluso si no es «su» semana? ¿Cuándo se le darán vacaciones a la niñera?

Una vez que encontremos a una familia tan simpática como la nuestra compraremos juntos un cochecito doble (sin olvidar el plástico protector para la lluvia), ¡y a rodar, juventud!

¿ES NECESARIO PONERSE LOS ZAPATOS?

¡No! Mientras el pequeño no empiece a caminar realmente no le pondremos nada rígido en los pies: esto podría irritarle, torcerle las uñas y los dedos de los pies, e incluso provocar una infección.

Cuando salimos lo protegemos del frío con un buen par de calcetines (podemos ponerle varios superpuestos cuando las temperaturas bajen bastante) y unos peúcos bien grandes, que se venden con las combinaciones de peto o por separado. Como es fácil perder este tipo de zapatilla, no dudéis en comprar varios pares o también podemos adquirir una combinación integral.

¡24 horas sin Clara es demasiado!

"Había olvidado completamente que nos habían invitado a la boda de un amigo de la infancia de Simón. La invitación llegó hace unos meses. Y es dentro de once días. Todos nuestros amigos irán, pero nosotros creo que no, ¡no podemos llevar a Clara! Los novios han contratado el servicio de una niñera para que cuide de los más pequeños. Pero no le puedo dejar a Clara: es demasiado pequeña.

Mis padres están de acuerdo con quedársela. Pero la boda se celebrará algo lejos, así que será necesario dejarla un mínimo de 24 horas. Una día completo más una noche, ¡es demasiado! Necesitaré extraerme mucha leche para que mi madre pueda hacer biberones. ¡Es muy difícil! Me parece casi imposible. Y aunque lo lograra, ¿qué pensará Clara? ¡Corremos el riesgo de que piense que la hemos abandonado! Será horrible.

Le he dicho a Simón que puede ir sin mí. Creo que los novios comprenderán que no voy porque estoy con mi hija. Pero Simón insiste. Él dice que separarnos 24 horas nos sentará bien tanto a nosotros como a Clara. ¡Yo no lo creo! No me va a divertir ir a esta boda. A medianoche estaré tan cansada que no tendré ganas de dormir. Pero nos vamos a ir a dormir muy tarde. Y a la mañana siguiente deberemos dejar la habitación temprano y retomar el camino de vuelta. Resultado: vamos a estar todavía más cansados.

Simón dice que podríamos volver al día siguiente. Pero eso quiere decir que dejaríamos a Clara dos días. Estoy segura de que mis padres estarán de acuerdo. Me parece demasiado tiempo para la pequeña..."

No me va a divertir ir a esa boda.

LAS TOALLITAS, PRÁCTICAS PERO NO ECOLÓGICAS

Las había para las nalgas y ahora también para la cara y las manos del bebé (atención, éstas no son intercambiables: las toallitas de las nalgas están impregnadas con productos que no deben entrar en contacto con la boca del pequeño).

Son higiénicas y la mayoría de las veces bien toleradas. Aunque no hay nada como el agua para limpiar la cara, las manos y las nalgas del bebé (y el jabón en caso de defecación). Sin embargo las toallitas son muy prácticas cuando estamos de paseo lejos de una fuente de agua.

Donde disminuyen sus ventajas es en la salud del planeta en el que nuestros hijos van a crecer. En efecto, las toallitas no son ecológicas: es necesario cortar árboles para fabricarlas y posteriormente impregnarlas con productos químicos. Además, una vez utilizadas llenarán nuestras basuras y vertederos...

HOLA DOCTOR, ¡NECESITO UN CONSEJO!

El bebé tose, el bebé tiene diarrea, el bebé acaba de vomitar... ¿Es grave o no? Sólo el médico lo puede decir. Antes de llamarlo para hacerle algunas preguntas, le facilitaremos las cosas imaginándonos todo lo que nos pedirá por teléfono: ¿el bebé tiene fiebre? (Anotamos la hora y la temperatura). ¿Ha vomitado o tiene diarrea? (En caso de ambos, intentamos contar el número defecaciones y vómitos y el tiempo que ha transcurrido). ¿El pañal desborda? ¿Las heces son muy líquidas? ¿El bebé duerme bien durante la noche y la siesta? ¿Come correctamente? ¿Bebe bien? ¿Ha cambiado su comportamiento? ¿Qué nos inquieta?

No debemos dudar en recordar los cambios, incluso los que parezcan más insignificantes, ya que cuanto más precisas sean nuestras indicaciones, más eficaz será la evaluación que el médico pueda tener sobre el estado de salud del pequeño y la indicación del camino a seguir.

Una padrino y una madrina para Clara

Simón y yo hemos decidido darle unos padrinos a Clara. Pero sin ceremonia religiosa. Podemos hacerlo en el ayuntamiento: es un apadrinamiento civil. Hemos pensado que es fabuloso que un bebé pueda tener padrinos. Esto le permite tener a su lado a unos adultos que no sean sus padres, pero que, al mismo tiempo, tengan una consideración amorosa por él. Es un poco como los tíos y las tías, excepto que ellos no escogen a sus sobrinos, mientras que los posibles padrinos tienen la opción de aceptar o rechazar la proposición de apadrinar.

Lo que también me empuja a hacer un apadrinamiento es una idea algo sórdida: si nos pasara algo a Simón y a mí, no tengo ganas de que Clara crezca con sus abuelos. Preferiría que gente de nuestra edad se ocupara de ella. Cierto, el apadrinamiento civil no tiene un valor jurídico, pero considero que si los abuelos de Clara son honestos comprenderán la intención que Simón y yo tenemos con este gesto.

Falta escoger. Serán amigos, ¡eso está claro! Flor, mi amiga de la infancia: ella es dulce, amable, tierna... estoy segura de que cuidaría a mi hija como a la suya. Y además es divertida: Clara se reirá mucho con ella. ¿Y el padrino? Dejaré que Simón lo escoja...

Podemos hacerlo en el ayuntamiento: es un apadrinamiento civil.

¿CÓMO ESCOGER EL MODO DE CUIDADO ADAPTADO?

Debe determinarse en función de nuestro modo de vida, de nuestros medios y nuestras preferencias.

–Si acabáis tarde de trabajar: preferiblemente la niñera, ya que la guardería cierra generalmente a las 18,30h o a las 19h.

–No os gusta la idea de depender de una sola persona para que cuide al bebé, sois un poco desconfiados, entonces... ¡evitad la niñera!

–El bebé ya ha permanecido largo tiempo en un servicio de neonatología. Corre el riesgo de ser más sensible a los virus y a los microbios: ¡evitemos la guardería este año!

–No tenemos mucha flexibilidad en el trabajo y no mucho tiempo libre: evitemos la guardería paternal.

–El lado «caparazón» de la niñera nos gusta, pero pensamos que la colectividad es estimulante: intentemos la guardería.

DE PASEO NOS LLEVAMOS...

–Si hace buen tiempo: sombrero, parasol, una chaqueta (si es necesario).

–Si hace frío: gorro, guantes, calcetines y peúcos grandes, bufanda.

Siempre:

–Un biberón de agua.

–Dos o tres pañales y algunas toallitas.

–Ropa de recambio.

–Si al bebé le gusta el chupete, nos llevaremos otro dentro de una cajita (por si el primero se le cae al suelo).

–Pañuelos de papel y una mantilla de algodón para poder poner al bebé en todos sitios (incluso en un lugar sucio).

Cuando el bebé se alimenta con leche en polvo: llevamos un biberón con la cantidad de agua adecuada para preparar una comida y una dosis de leche guardada en un recipiente especial para ello (de venta en parafarmacias o en las secciones especializadas de las grandes superficies).

Para guardarlo todo: una bolsa provista de un colchón y múltiples bolsillos. Para que nunca nos coja desprevenidos y podamos salir rápidamente de casa, podemos dejarla permanentemente con pañales, toallitas, ropa de recambio, chupete, mantilla limpia y pañuelos de papel. En el momento de salir, sólo tendremos que añadir los biberones y la leche.

Tengo miedo de la tele

Esta tarde he visto una serie policíaca que vuelven a dar por televisión y de la cual no me había perdido ni un capítulo cuando era pequeña. El verla de nuevo programada me ha encantado. Me acuerdo que había algo de suspense al final, pero nada malo...

Salvo el episodio que he visto esta tarde. Había una escena donde una de las protagonistas era acorralada en un parking por una gran bestia. Esto me ha provocado miedo. Tenía a Clara en mis brazos: en mitad del episodio se ha despertado para comer y yo le he dado el pecho justo cuando ocurría esta escena. Creo que he cogido a Clara fuerte en mis brazos; tenía miedo. Desde las letras del final no he parado de preguntarme si Clara había sentido mi tensión. Tengo miedo de haberle transmitido mi malestar. La pobre: tendría que haberle explicado que miraba una serie policíaca.

No he parado de preguntarme si Clara había notado mi tensión.

¡NUNCA UN BEBÉ SOLO EN LAS ALTURAS!

A priori, pensamos que un bebé de un mes no puede girarse solo. ¡Es verdad! Salvo alguna excepción: hay pequeños que lo logran por azar y se caen al suelo si estaban en alto sin vigilancia (sobre la tabla de planchar, por ejemplo).

Menos excepcional: algunos bebés se arrastran de espaldas y a veces pueden desplazarse algunas decenas de centímetros. Así pues, si un bebé se deja en medio de la cama de los padres puede llegar hasta el borde y caerse.

Como un accidente siempre es posible, adoptaremos buenas costumbres: nunca dejaremos a un bebé en altura sin vigilarlo constantemente y con una mano dispuesta a cogerlo. ¡Puede ocurrir una catástrofe si nos giramos cinco segundos a coger una cosa que tenemos al alcance de la mano!

Todo esto puede parecer evidente, pero cada día los médicos ven bebés que se han caído de la cama de sus padres, de la tabla de planchar o del sofá... Con frecuencia las caídas no son graves, ¡pero más vale evitarlas!

PARA PREVENIR UNA BRONQUIOLITIS

La epidemia suele empezar entre octubre y noviembre, acaba en marzo o abril y su punto álgido es a final de diciembre.

En este período es mejor evitar con el bebé los lugares concurridos: el supermercado en sábado por la tarde, por ejemplo, pero también las salas de espera de médicos, etc. Si podemos elegir la hora, escogeremos la visita a primera hora de la mañana o a primera hora de la tarde, antes de que los virus ya hayan llenado la sala de espera y la consulta.

A las urgencias de los hospitales iremos cuando pensemos que la situación lo exige. ¡Así que no hay necesidad de llevar al bebé por unos cólicos sin importancia!, corre el riesgo de esperar horas en una sala de espera llena de niños enfermos y volver a casa con los bronquios enganchados de virus, consultar a nuestro médico de cabecera tiene menos riesgos.

Mejor evitar también a los «niños grandes» de 4 o 5 años: Pueden ser portadores del virus, pero a su edad se manifiesta como un simple catarro. En cambio, para los bebés puede ser un verdadero problema respiratorio (cuanto más jóvenes son, peor puede ser la enfermedad, sobre todo en los prematuros que tuvieron problemas respiratorios al nacer). Si un primo viene a casa y está acatarrado, que no abrace al bebé. En cuanto a los adultos, que se laven bien las manos antes de coger al bebé en brazos, cambiarlo, lavarlo, prepararle la comida y darle de comer.

Simón mira a las chicas por la calle

¡Increíble! Simón y yo estábamos acabando de llenar el carro de la compra y le he pillado mirando a una chica de arriba abajo. Es la primera vez que me hace algo así. No podía creer lo que veía; me ha horrorizado. Clara dormía en su cochecito y yo, como una idiota, ordenaba las compras mientras le echaba el ojo a esa chica en lugar de ayudarme. ¡Eso me ha dejado realmente de piedra!

A continuación, hemos ido al parque. Hacía sol. De repente, Simón ha sacado sus gafas oscuras y me he preguntado si lo hacía para poder mirar más tranquilamente. Quizás pensaba que no me daba cuenta de nada... Error. Y no me he privado de decirle que había visto sus maniobras: se ha sorprendido y me ha asegurado que, efectivamente, había mirado a la chica del supermercado porque creía haberla visto en otra parte. ¿Y se cree que me voy a tragar eso? ¡Al menos podría intentar encontrar argumentos más creíbles!

Lo peor es que se ha burlado de mí cuando le he preguntado si las gafas de sol eran para poder echar el ojo más tranquilamente. Me ha respondido: «No, ¡son para protegerme del sol!». ¡Qué divertido! Me acuerdo de que hace unos días ya empezó a tener «acercamientos infames», como dice Ingrid... Pues bien, ¡no es así como me va a convencer!

Le he pillado mirando a una chica de arriba abajo.

JUGUETES BIEN ADAPTADOS

¿Cuáles son los juguetes indispensables que le harán feliz los meses venideros?

–Un juguete musical móvil, alegre y colorido con hombrecitos pintados y que gire sobre su cuna.

–Un pórtico con pequeñas figuras atadas a un arco que pasa por encima del bebé: cuando esté boca arriba intentará cogerlas.

–Una alfombra donde tenga muchas cosas que tocar: la adorará en cuanto se ponga encima.

–Pequeños animales con cascabeles integrados que se cogen a la mano con un brazalete, o también a la ropa o al cochecito.

–Pequeños peluches de terciopelo: muy suaves, lavables a máquina y que el bebé pueda coger fácilmente con las manos.

–Evitar: juguetes muy pequeños que el bebé podría tragarse o meter en su nariz. O los peluches de pelos largos no lavables a máquina con los que el bebé corre el riesgo de sofocarse y donde los ácaros proliferan.

–Bueno saberlo: los fabricantes de juguetes subestiman frecuentemente a los más pequeños indicando en las cajas: los juegos, la edad... estrafalario: ¡no os fiéis demasiado!

¿CÓMO TOMAR LA TEMPERATURA?

Cuando el bebé tiene la nariz tapada, tose o no está a gusto, debemos tomarle la temperatura. Además, es una de las primeras cosas que nos preguntará el médico en la consulta: «¿Tiene fiebre? ¿Cuánta?». Para saberlo escogeremos un termómetro electrónico o tradicional.

El termómetro rectal es el medio más fiable para conocer la temperatura corporal. Si os decidís por él, podéis evitar que el bebé asocie este gesto con el dolor o la incomodidad. Lo estiramos sobre su espalda, lo cogemos de los tobillos y le levantamos las piernas (dejándolas ligeramente plegadas). Para facilitar la introducción del termómetro podemos ponerle un poco de crema (la misma que utilizamos para proteger sus nalgas de las irritaciones). Si a pesar de eso, no nos sentimos bien tomándole así la temperatura, podemos ponerle el termómetro en la axila. Esto requiere más tiempo (unos dos minutos). Tened en cuenta que en la axila la temperatura es medio grado inferior que en el recto.

DIARIO DE SIMÓN
Laura está distante...

Desde que Clara nació tengo la impresión de que Laura ya no quiere que la toque. Cada vez que intento cogerla en mis brazos encuentra un pretexto para escabullirse: hace ver que oye a Clara llorar, que debe tender la ropa, que está cansada... ¡No lo entiendo! ¿Por qué está tan distante? Nos lo decimos todo cada día, pero de eso no me atrevo a hablarle: tengo la impresión de que se lo va a tomar mal.

Además, ayer por la tarde me montó una escena diciéndome que le echaba el ojo a las chicas por la calle. Todo porque me ha parecido reconocer a una antigua amiga en el supermercado. Al final del día conseguí convencerla de que se equivocaba y quise abrazarla en el sofá, pero debajo de los cojines estaba el pequeño canario que mi hermano le regaló a Clara. El muñeco «cantó» cuando me senté encima y Laura se sobresaltó. Se levantó de un bote, como un adolescente cogido haciendo una travesura, y corrió a la habitación de Clara para ver si el ruido del canario la había despertado. Evidentemente, la pequeña dormía. Pero, luego, Laura no ha vuelto conmigo. Se ha ido al lavabo bostezando y diciéndome que estaba muy cansada. Me ha dicho dado las buenas noches y se ha ido a dormir.

He mirado las últimas noticias de la tele pensando por qué se mostraba así de escurridiza. Sé que debería hablarlo con ella, preguntarle por qué me rechaza... Comprendo que después del parto no tenía la cabeza para «eso». Pero ahora Clara ya tiene dos meses. Podríamos volver a tener un poco de intimidad... El problema es que no le quiero decir este tipo de cosas: me daría la impresión de ser un animal o un macho semental... ¡Lo que detesto! Esperaré un poco más... Es muy normal que todavía no le apetezca mucho hacer el amor.

UN SUEÑO MUY AGITADO...

Muchos bebés se mueven durante el sueño: los ponemos en medio de la cama y nos los encontramos acurrucados junto a los barrotes.

De hecho, buscan un contacto que les dé seguridad y les recuerde los buenos momentos en que se sentían protegidos en el vientre materno. Nada permite pensar que si los pequeños patalean y se retuercen es porque tienen dolor en alguna parte. ¿Puede que estos movimientos sean intentos de caminar?

Si tememos que la agitación nocturna moleste al bebé, para favorecer un sueño calmado, evitaremos excitarlo justo antes de meterlo en la cama (no le hacemos cosquillas, por ejemplo). Sin embargo, a esta edad un sueño agitado no significa nada inquietante.

LOS BENEFICIOS DEL MASAJE

Esto les relaja, calma sus cólicos y les ayuda a tomar conciencia de su cuerpo... El bebé adora que lo masajeen, aparte de que se trata de un momento muy tierno con papá o mamá. Para hacer un masaje cariñoso:

–**¿Cuándo?** Después del baño, ya que el bebé está más relajado. Pero con la condición de que no tenga ni hambre ni sueño. Evitar hacerlo justo después de haber tomado la leche (debido a las regurgitaciones).

–**¿Dónde?** En una habitación tranquila y a buena temperatura. Situamos al bebé, con los pañales, sobre la tabla de planchar o sobre la cama de papá y mamá.

–**¿Cuánto tiempo?** De 5 a 10 minutos. En todo caso, no más de 30 minutos y, sobre todo, nos paramos en el momento en que el bebé muestre signos de nerviosismo (si llora, patalea, se retuerce...).

–**¿Cómo?** Lo masajeamos firmemente con un poco de aceite de almendra suave. Empezamos por la planta de los pies y vamos subiendo hasta los hombros. Hasta que sus fontanelas no sean totalmente sólidas evitaremos tocar su cabeza. Masajeando, repetimos cada movimiento tres o cuatro veces.

–**Algunas precauciones:** tener las uñas cortas y limadas, sacarse las pulseras, los anillos y el reloj, lavarse bien las manos, pasar las manos por agua caliente en caso de que éstas estén frías, calentar el aceite entre las manos antes de empezar.

¡Cuatro generaciones bajo el mismo techo!

Vuelvo de casa de mi abuela: la mamá de mi mamá. He estado con Clara. Estuvo bien. Nos ha mimado como siempre que vamos a su casa: galletas, caramelos, café, zumo de naranja... ¡Mi abuela tiene una energía increíble! Con casi noventa años, ¡está muy bien! Mi madre cree que pierde un poco la cabeza porque se ríe todo el rato y es necesario repetirle varias veces lo mismo. Mi madre exagera, yo espero ser como mi abuela: autónoma, viva, divertida...

Ha cogido varias veces a Clara en sus brazos. ¡Eso me ha conmovido mucho! He hecho muchas fotos dándome cuenta de que éramos cuatro generaciones de mujeres bajo el mismo techo. ¡Es extraño! Cuando pienso en todas las evoluciones y en todos los progresos. Qué diferencias entre la primera y la última generación: mi abuela tuvo seis hijos. Y mi otra abuela también. Mi madre conoció la primera píldora... Yo he tenido mi primer hijo a la misma edad que mi abuela tuvo el último... Y Clara... Para ella, nada se ha escrito todavía, pero estoy segura de que su vida no tendrá nada que ver con la de su bisabuela.

Es conmovedor, está unión invisible, este amor que nos une a las cuatro. A partir del nacimiento de Clara me siento parte de un linaje y comprendo cuánto nos han querido nuestros padres. Qué bien me siento en medio de mi abuela, mi madre y mi hija... me gustaría que todo permaneciera siempre así...

He tenido mi primer hijo a la misma edad que mi abuela tuvo el último.

CINCO DÍAS PARA PREPARARSE PARA LA GUARDERÍA

No dejamos al bebé de un día para otro en un lugar nuevo. La adaptación es necesaria para lograr la entrada en colectividad.

–Lunes: primera visita del lugar, para familiarizarse. Durante unas dos horas, descubrimos con el bebé la guardería y su personal.

–Martes: nos vamos durante una hora. El bebé se conoce con sus compañeros y su cuidadora principal (la que le recibirá por la mañana y a la que nos dirigiremos para ver cómo ha ido con el pequeño). Papá o mamá aprovechan esta hora de libertad.

–Miércoles: nos vamos durante dos horas. Volvemos a mediodía. El bebé come con sus compañeros y papá o mamá con el personal.

–Jueves: medio día. Dejamos al bebé a las 10h y volvemos a buscarlo a las 15h. Hace su primera siesta en la guardería. Durante este tiempo, más vale encontrar una amiga con la que nos divirtamos, si no, corremos el riesgo de entristecernos pensando en el bebé.

–Viernes: segundo día parcial. Hasta las 16h. Ahora merendará con los compañeros.

Lo ideal es hacer esta adaptación dos semanas antes de empezar a trabajar: si una semana no es suficiente, continuamos la semana siguiente y esto ayudará al bebé a habituarse. Además, no es raro que el bebé coja un virus y enferme, lo que le obliga a interrumpir la adaptación. La noche antes de su primer gran día, podemos hacerle unos buenos cariños y recordarle que mañana verá a sus compañeros y a las amables señoritas de la guardería.

EL BEBÉ Y LOS PERROS

Una vez no es costumbre: los perros y los gatos sienten una antipatía inmediata por el bebé, quien es visto como un intruso en casa.

Pero los perros producen menos alergia que los gatos y su comportamiento, así como sus posibilidades motrices, son diferentes: un perro no saltará a la cuna del bebé. No buscará las cosquillas al pequeño si está en alto. En efecto, los perros a menudo son intimidados por quienes los superan en altura. Mientras el bebé esté así todo irá bien. Sin embargo, si el bebé está en su asiento o en su tumbona, en el suelo y con la cara a la misma altura que la boca del perro, el animal puede intentar morderle.

DIARIO DE SIMÓN
Me gustaría una noche cara a cara...

Laura me irrita: no quiere despegarse de Clara. Es imposible moverse sin la pequeña. Imposible también tener cinco minutos de tranquilidad y de intimidad sin que le hable a Clara, inquietándose por saber si tiene demasiado calor o demasiado frío, si duerme bien, si no tiene hambre... La situación está siendo insoportable. Al menos, ¡yo no la soporto más! Debemos ir a la boda de mi amigo de la infancia y Laura pone el pretexto de que está cansada, que está demasiado lejos... Todo porque no quiere dejar a Clara.

Incluso una tarde le supone un problema: le he propuesto que salgamos solos esta tarde. Mi padre, mi madre, sus padres, todos están dispuestos a venir a cuidar a la pequeña... ¡Pero no! No quiere, está cansada. Son las dos de la tarde y le he propuesto que vaya a hacer una siesta para descansar... Pero ya sabe que estará cansada esta tarde. He sido tonto y me he enfadado: le he dicho que ya estaba harto de que nuestra vida girara en torno a Clara, que quería volver a ver a la mujer de mi vida y que estuviera disponible para mí, sólo para mí, de vez en cuando... Laura me ha mirado con los ojos desorbitados y me ha dicho: «Pero ¡estás celoso! Estás celoso de Clara...». Me he encogido de hombros y me he ido diciéndome que si creía eso es que estaba loca. Pero cada vez que lo pienso me pregunto: «¿Es posible? ¿Un padre puede tener celos de su propia hija?».

¿CUÁNDO DORMIRÁ EL BEBÉ TODA LA NOCHES?

No hay regla ni norma: cada bebé tiene su ritmo. Pero la gran mayoría duerme toda la noche sobre los cuatro meses, a veces incluso antes. El problema, evidentemente, es que empezamos a trabajar antes.

Si la noche antes de ir a trabajar el bebé todavía se despierta, ¡qué no cunda el pánico! Hay muchas posibilidades para que el milagro ocurra rápidamente. Muy a menudo, al empezar el cuidado externo, el bebé empieza a descubrir los horarios: se despierta por las mañanas para ir a la guardería o a casa de la niñera, come a horas fijas... En resumen, adopta un ritmo de vida que ya no es el suyo (aunque globalmente ese ritmo esté adaptado a su edad). También está cansado por la presencia y los ruidos de los otros niños.

Resultado: por la tarde está cansado y duerme toda la noche. Evidentemente, si se le cuida en casa estará menos limitado por los horarios, porque ahí puede dormir tranquilamente por la mañana. Así pues, en este caso, los despertares nocturnos todavía se prolongarán un tiempo.

Pero pasados los cuatro meses, ya es momento de explicarle que mamá está cansada y que por la noche todo el mundo duerme. Hasta ahora su cama estaba en la habitación de los papás; podemos hacerle comprender que debe dormir por la noche cambiándole de habitación (si es que tiene una, claro). A veces, el mensaje se entiende mejor cuando es el papá o el pediatra, por ejemplo, quien le dice que debe dormir por las noches...

¿TENEMOS QUE BAJAR LA PIEL DEL PREPUCIO A LOS NIÑOS?

¡No! El pene de los niños no se toca antes del año. Su piel es tan fina y frágil que corremos el riesgo de que sangre y provocar un gran dolor. Podemos tener la impresión de que la piel que recubre el glande está tan cerrada que impide que el pequeño pueda hacer pipí tranquilamente. ¡Falso! No hay más que ver el chorro de orina para asegurarse de que todo va bien.

A veces, podemos ver secreciones blancas acumuladas entre el glande y el prepucio; éstas pueden parecer pus. Pero no es el caso, así que no hay que inquietarse. Continuamos lavando el exterior del pene y esto se irá solo. De todas maneras, en este lugar las infecciones locales son raras: se manifiestan con una inflamación e irritación del prepucio. El bebé tiene dolor... ¡En ese caso hay que consultar sin mucho tardar!

Me enfado con Clara

Desde esta mañana llueve sin parar. ¡Imposible salir! Incluso instalando a Clara en el cochecito con un plástico de protección para la lluvia. No puedo ir a dar un paseo: antes de llegar a la esquina ya estaré calada hasta los huesos. Clara duerme en mis brazos, pero llora en cuanto la quiero dejar en su cama. Podría haber mirado la televisión pero no hacen nada interesante. Y esta lluvia que no para... esto me produce melancolía. Miro por la ventana: fuera está todo gris. ¿Por qué me molesto? Qué bueno es contemplar a Clara, hablarle, hacerle cosquillas...

Tengo ganas de hablar con alguien que me responda. Le hubiera propuesto a mi madre que viniera, pero ella trabaja hoy. Lo mismo con Ingrid y Fabiola. Podría ir a ver a mi madre, pero detesto conducir bajo la lluvia... Y mientras llego a su casa ya será la hora de volver. Además, Simón me ha dicho que hoy iba a llegar tarde. ¿Qué es lo que me molesta hoy?

Finalmente, la baja maternal quizás no sea una buena idea. Días enteros sin hablar con nadie más que con Clara, que no me responde... ¿Me voy a volver loca? Simón quizás tiene razón cuando me dice que me lo piense dos veces antes de pedir la baja maternal...

Me gustaría hablar con alguien que me responda.

CALOR, PLAYA Y SOL: UN CÓCTEL TEMIBLE

Los recién nacidos se deshidratan muy rápidamente, incluso los alimentados con leche materna. Desde que hace calor le damos regularmente agua, aparte de leche (ya que para él la leche es igual a comida y no a bebida). Si su cuerpo necesita hidratarse beberá. Si no quiere beber ¡es que no lo necesita! Pero nada impide volverlo a intentar más tarde (si bebe una vez entre dos comidas ya está bien). Si llora, puede ser que tenga sed, así que le daremos un biberón de agua. No merece la pena añadirle azúcar para incitarle a beber, ya que corremos el riesgo de habituarle al agua azucarada, cuando en realidad necesita agua pura en mucha cantidad.

Contra la deshidratación y otros disgustos evitaremos también el sol. Los bebés no deben volver de las vacaciones, o del parque, desnudos y con la carita bronceada. ¡Por desgracia conocemos los efectos nocivos del sol! La piel de los pequeños es tan frágil que incluso los que tienen la piel oscura deben protegerse bien de los rayos del sol. Debido a que son mucho más sensibles que los adultos a los rayos UVA, pueden coger insolaciones rápidamente; incluso si papá y mamá consideran que el sol «no pica tanto».

Sin querer ser alarmistas, es necesario saber que el cáncer de piel está muy ligado a las quemaduras de sol de la infancia: cuántas más hayamos sufrido de pequeños, más alto es el riesgo al ser adultos. Así que mejor evitar la playa y los paseos entre las 12h y las 16h, ya que es el momento en que el sol brilla con más fuerza.

En cuanto el bebé pone la nariz en la calle le protegemos bien: una camiseta ligera de mangas largas, un sombrero ancho o una gorra, un parasol unido a su cochecito (los encontraremos en cualquier gran supermercado y en las tiendas especializadas). Le embadurnamos bien de crema todo el cuerpo, hasta la planta de los pies (si el bebé es alérgico, le preguntaremos al pediatra cuál es la crema conveniente). Esperaremos hasta que tenga seis meses para bañarlo en el mar. Cuando lo bañemos en el mar no será más de cinco minutos (a menos que se trate de un agua particularmente caliente, como la del caribe). Efectivamente, el agua salada a 24° C, de la que disfrutamos alegremente para refrescarnos los adultos, es mucho más fría para el bebé, que no soporta más que los baños a 37° C. De todas maneras, si queremos iniciar a nuestro bebé en las alegrías del chapoteo al aire libre, podemos instalarle una pequeña bañera bajo un árbol, con agua a unos 37° C.

No tenía ganas de ir al hospital.

Sonia ha dado a luz en su casa

¡Es de locos! Sonia, una amiga, ha dado a luz en su casa. Ha preferido que el bebé nazca en su hogar. Cuando la he llamado para felicitarla por la llegada de su bebé, me ha explicado que no tenía ganas de ir al hospital, ya que ese aspecto médico la estresaba. Encontró una comadrona que asistía a partos a domicilio. Al principio de su embarazo, la comadrona la previno diciéndole que si no se sentía preparada para asumir un parto en casa no la aceptaría. Al mismo tiempo, Sonia se inscribió también en una maternidad para ser acogida en caso de que el parto no fuera bien. Pero el parto ha ido muy bien. Por supuesto, Sonia no ha tenido la epidural, pero, según ella, cuando una está en casa y puede andar, ir a la ducha, ver la televisión... soporta mejor el dolor. Sonia también ha dicho que su pareja le había ayudado mucho, y que él también estaba muy contento de dar a luz en casa. Han apreciado mucho que no han sido separados después del nacimiento de su hijo: han comido juntos, dormido juntos... En muchos hospitales el papá no puede estar toda la noche. De hecho, es una pena: me hubiera gustado que Simón hubiera dormido conmigo cuando nació Clara.

Es genial poder dar a luz en tu casa, si eso es lo que deseas. Yo hubiera sido incapaz, ya que el dolor me da miedo. Pero qué felicidad poder escoger el lugar en el que tener a tu bebé: en un gran hospital, si eso te da seguridad; en una pequeña maternidad, si no nos gustan los lugares muy cargados; o en su casa, para las que lo prefieran... Según la comadrona de Sonia, para dar a luz en nuestra casa es necesario no estar lejos de un hospital o de una maternidad para poder ir de urgencias en caso de complicaciones.

¿CÓMO LAVAR LA ROPA?
La piel de los bebés es muy frágil. Reacciona a todas las agresiones que ocasionan, por ejemplo, los suavizantes, cargados de productos químicos.

Lo mismo para las lejías «dos en uno» y las que tienen olores demasiado buenos como para ser nobles: pueden provocar reacciones alérgicas. Mejor será lavar la ropa del bebé con lejía simple, sin suavizantes ni olores particulares. Lavaremos de la misma manera toda la ropa que esté en contacto con el bebé: las toallas, los baberos y la ropa de los padres... ¡ya que pasan muchos ratos alegres en contacto con nuestras camisas!

UNA BAJA PARA LOS PADRES
PARA EL PADRE
13 días ininterrumpidos, ampliables en dos días más por cada hijo a partir del segundo, en los casos de parto, adopción o acogimiento múltiples. El disfrute de estos períodos es independiente del disfrute compartido de los períodos de descanso por maternidad.

Podrá disfrutarse en régimen de *jornada completa* o en régimen de *jornada parcial* de un mínimo del 50%, previo acuerdo entre el empresario y el trabajador, y conforme se determine reglamentariamente.

—El trabajador deberá comunicar al empresario, con la debida antelación, el ejercicio de este derecho en los términos establecidos, en su caso, en los convenios colectivos.

La prestación económica consiste en un subsidio equivalente al 100% de la base reguladora.

Más información en www.seg-social.es

139

¡Oh! ¡Qué pequeña es!

Después de comer, en la farmacia, me he encontrado a una antigua vecina. No nos habíamos visto desde el parto. Al ver a Clara durmiendo en el cochecito, me ha preguntado qué edad tenía exactamente. Cuando le he respondido que dos meses, me ha dicho: «¡Pero qué pequeña es! Mi hija a su edad era muchos más grande y, sin embargo, estaba en la media del índice de crecimiento». Al decir eso, me ha mirado de arriba a bajo y ha constatado que, como yo no soy muy grande, la niña tampoco lo puede ser...

No sé si ha sido su timbre de voz, particularmente estridente, lo que ha despertado a Clara pero he tenido que coger a la pequeña en brazos para calmarla. Y, entonces, una ex vecina ha dicho, con poca gracia, ¡que Clara le parecía demasiado delgada! Pero entonces, en lugar de irritarme como es habitual (como con la llamada «profesional» de la infancia), me he echado a reír: le he dicho que Clara no estaba gorda, ¡claro, yo tampoco soy gorda! Bueno, eso es todavía algo falso con los cinco kilos de más que me quedan en las caderas, pero he pensado que ya era hora de distanciarme de los comentarios descorteses. Cuando tenemos hijos, siempre nos encontramos a alguien que nos quiere dar lecciones y consejos cuando nosotros no les hemos pedido nada. Si nos irritamos a cada momento, estaremos siempre irritados. Me he puesto todo esto por montera, pero no sé si será suficiente...

Pretendía que su hija a la misma edad era mucho más grande.

¿CON QUIÉN HABLAMOS CUANDO ESTAMOS TRISTES?

Cuando acabamos de dar a luz, e incluso algunas semanas después del parto, podemos tener momentos de depresión incomprensibles.

A causa del cansancio y de todas las preguntas que nos hacemos sobre la salud del bebé, no tenemos las ideas claras. En ese momento, podemos necesitar una mano.

Lo más importante: ¡no aislarse! No quedarse sola con esta tristeza y esas ganas de llorar que hacen un nudo en la garganta. No debemos dudar en hablarlo con nuestro compañero o en hacer algunas llamadas de teléfono: las amigas, las hermanas, papá, mamá... A veces, escuchar su voz amable es suficiente para sentirse mejor.

Si no podemos contar con allegados o si no queremos molestarlos, los profesionales de los centros de atención primaria, por ejemplo, están ahí: vamos a pesar el bebé y, antes de irnos, pedimos cita con el psicólogo. No hay necesidad de tener miedo pensando que deberemos ver al psicólogo durante 107 años. Discutir una hora con un profesional puede ser suficiente para levantar la moral. Si estamos inquietos por la salud del bebé (si lo encontramos extraño, por ejemplo) llamamos al pediatra; una consulta puede ayudar a reorientarnos.

Si estamos cerca de la depresión: si tenemos dificultades para ocuparnos del bebé, tenemos pensamientos oscuros y mórbidos... mejor será consultarlo con nuestro médico para ver si consultamos a un psicólogo durante más tiempo.

¿Para cuándo el hermanito?

Definitivamente, la llegada de un bebé altera a todo el mundo. Mi padre también tiene ideas extrañas: me ha preguntado cuándo iba a tener Clara un hermano pequeño. Me he quedado pasmada, porque generalmente no hace ese tipo de preguntas. ¡Este hombre es un modelo de discreción! Enseguida le he respondido que mañana no iba a ser. Primero, no tengo ningunas ganas y, segundo, necesito ocuparme de Clara.

Francamente, todavía no sé cómo me las voy a arreglar con el bebé cuando empiece a trabajar (estoy aprendiendo). Por consiguiente, no me imagino, después de trabajar, estando con dos bebés. Además, Clara sólo tiene dos meses. ¡¿Y ya necesita tener un hermano pequeño!? ¿Y por qué un hermanito y no una hermanita? No estamos obligados tener hijos de ambos sexos. Y, sobre todo, no estamos obligados a tener dos. Ya está bien tener un solo hijo: si conseguimos hacer que sea un adulto feliz y realizado, podemos estar orgullosos. No, verdaderamente no entiendo por qué mi padre ha tenido la mala idea de hacerme esta pregunta.

> ¿Y por qué un hermanito y no una hermanita?

CON ADELANTO, CON RETRASO...

Desde que tenemos hijos el escuchar a los demás hablar de sus pequeños nos tienta... para hacer comparaciones. Escuchamos que el mayor de tal amigo camina desde los diez meses, que el de la otra amiga lo ha hecho desde el año, que el más pequeño de tal cuñada duerme por las noches desde las tres semanas de vida...

Los padres dan una idea falsa del desarrollo psicomotor «normal» si sólo explican las hazañas y no las dificultades. Además, algunos tienen la memoria corta cuando condenan a esos padres que dejan a sus pequeños arrastrarse por los suelos de unos grandes almacenes. ¡Y dicen que sus hijos nunca han hecho una cosa así! No creáis todas las anécdotas que os cuenten.

Hay quienes engañan, diciendo que unos buenos padres nunca se enfrentan a cóleras, problemas de sueño, alimentación... ¡Es falso! Habladlo con amigos sinceros o con el pediatra, ellos os lo confirmarán.

¡VAYA APETITO!

Entre lo que indican los botes de leche en polvo y lo que toman realmente los bebés, muchas veces hay una diferencia. Si creemos en las indicaciones de estas cajas veremos que el bebé come más de lo que debería.

¿Necesitamos restringir al bebé? ¡No! La única buena pregunta que debemos hacernos es: ¿el bebé está satisfecho? La respuesta: sí, si queda un poco de leche en el fondo del biberón. En efecto, cuando vemos que el bebé deja leche sin tomar es porque ya ha tomado toda la que quería.

Los ritmos y las necesidades varían de un bebé a otro: algunos prefieren fraccionar las comidas en 6 biberones pequeños y no en 5 grandes. Pero al final del día, 6 tomas de 150 ml o 5 de 180 ml, ¡es la misma cantidad!

Algunos bebés tienen la necesidad de comer más que otros para coger peso (ya que a esa edad, ¡comen para engordar!). Son las injusticias de la naturaleza que constatamos amargamente cuando somos adultos: vemos a una amiga que come todo el día y no aumenta un gramo, mientras que a nosotros nos basta con entrar en una pastelería y oler el chocolate para ganar un kilo.

Así pues, no hay razón para restringir al bebé, a menos que el pediatra lo especifique por razones precisas: porque coma más por los ojos y empiece a regurgitar al estar saturado, por ejemplo. En estos casos, limitar sus raciones permite disminuir considerablemente las regurgitaciones sin recurrir a los medicamentos.

¡Una boda genial!

Sólo he tomado una copa de cava, para no hacer enfadar a Simón.

Hemos ido a la boda del amigo de infancia de Simón. He tomado prestados algunos vestidos muy *chics* de mi madre, ya que todavía no entro en los míos. Me he sacado cinco biberones de leche (y mi pediatra me ha dicho que si mi madre tenía que completar con leche en polvo, a Clara no le pasaría nada). Hemos cogido el coche y, de repente, se me ha estremecido el corazón. En realidad deseaba que Simón me obligara a ir lejos, a la boda de su viejo amigo.

He dejado el teléfono encendido durante toda la ceremonia por si mi madre me llamaba suplicándome que volviera porque Clara no paraba de llorar. ¡Pero no! Nada. Ni el más mínimo mensaje. Cuando la he llamado para ver si todo iba bien, me ha dicho que la pequeña dormía plácidamente después de haber tomado un buen biberón... Ingrid se ha burlado de mí y me ha dicho que aproveche. Entonces he bebido sólo una copa de cava, para no hacer enfadar a Simón, y he participado en la fiesta con todo el mundo. Debo aceptar que me he divertido mucho.

Hemos bailado una gran parte de la noche: había muy buen ambiente. Cada cuatro horas se me llenaban los pechos de leche, pero tenía mis extractores para vaciarlos. Prácticamente no me atrevo a reconocerlo, pero sólo en esos momentos me acordaba de Clara. Como todo ha ido muy bien con mi madre, volveremos mañana. Pero antes aprovecharemos bien la mañana. ¡Y eso realmente es genial!

LOS TESTÍCULOS DE LOS NIÑOS

Durante la vida fetal de los niños los testículos se forman en el interior del abdomen y, al final del embarazo, descienden al escroto (la bolsa). Después, la apertura entre el escroto y la cavidad abdominal se cierra. A menudo, un líquido envuelve los testículos. Éste desaparece en algunos días, espontáneamente. Por eso podemos tener la impresión de que el bebé, al nacer, tiene unos testículos enormes, pero en realidad son del todo normales. En casos muy raros, puede pasar que la separación entre la cavidad abdominal y el escroto esté mal cerrada. De repente, una parte de los intestinos puede bajar al escroto y formar, cerca del ano, una pequeña bola. Entonces hablamos de una hernia inguinal. Esta bola puede aparecer y desaparecer al ritmo de los movimientos de vientre y los llantos del bebé.

Generalmente no es doloroso, pero es necesario consultar rápidamente al médico: seguramente os enviará a un cirujano que trabaje con niños y os proponga día y hora para la intervención quirúrgica, ya que para cerrar la separación entre el abdomen y el escroto la operación es necesaria.

¿CEREALES PARA DORMIR?

Antes, algunas mamás ponían harina en los biberones: era una etapa obligada de la diversificación alimenticia. A continuación, cuando los bebés rechonchos pasaron de moda, muchas madres hicieron bien en no dar ni un gramo de harina más. Los fabricantes entonces se adaptaron: «cereales» a lo que antes llamaban «harina».

Hoy en día ciertos papás, mamás, amigos o niñeras pretenden que añadir harina en el último biberón del día ayuda a que el bebé no se despierte por las noches: ¡gracias a esto el bebé tendrá el estómago bien lleno y dormirá sus ocho horas seguidas! Más vale saber que esto no funciona con todos los bebés. Además, como estos cereales están azucarados, una cucharadita rasa en el biberón de la noche (podrían ser dos después de los dos meses) ya es suficiente.

Antes de los 7 meses, escogemos cereales sin gluten (si no, podría ser que el bebé no los tolerara) y antes de los tres meses prefieren la harina diastásica, más digestiva. Después de los tres meses, miraremos los niveles de azúcar: su contenido debe ser inferior al 5% para que no desarrollen el gusto por el azúcar. Finalmente, tan pronto como el bebé supere la curva de peso recomendado, evitamos o limitamos los cereales en polvo.

Clara rechaza nuestros brazos...

El regreso de la boda ha sido tan agradable como la fiesta. Además, hemos tenido suerte: ha habido un bonito cielo azul todo el día. Pero aunque todo había ido muy bien, tenía prisa por ver a Clara. Hemos llegado a casa de mis padres a primera hora de la tarde; la pequeña dormía en los brazos de mi madre. Simón ha querido cogerla, pero entonces... horror: se ha despertado y se ha puesto a llorar. He visto la cara de Simón totalmente descompuesta. ¡Pobre! Dos días sin verla y se pone a llorar en los brazos de su padre.

Creía que tenía hambre. ¡Yo la he cogido para darle el pecho, pero nada que hacer! Continuaba llorando. Mi madre ha intentado calmarla y... Clara ha parado. No tenía hambre, sólo quería quedarse en los brazos de su abuela. Me han saltado lágrimas. Por suerte, mi madre no ha tenido un aire triunfante y nos ha sonreído sorprendida y nos ha dicho que esto pasaría rápidamente.

Entonces, como Simón había pedido un día de vacaciones adicional para volver de la boda, nos hemos quedado a dormir con ellos. Mi padre ha preparado la comida y mi madre ha bañado a Clara y se ha ocupado de ella. Y nosotros, aunque un poco despistados por el frío reencuentro, estábamos tan contentos de haber pasado dos días alegres juntos que nos hemos ido a hacer unos cariños...

Mi madre nos ha dicho que esto pasaría rápidamente...

ES SU PRIMERA INYECCIÓN

En los CAP, las vacunas se dispensa gratuitamente, aunque el médico no la haya prescrito la consulta precedente.

Generalmente, la inyección se aplica en la pierna o en los hombros. Si la zona ha sido anestesiada, la aguja no provoca dolor al entrar en la piel (si es que el médico ha prescrito una crema anestésica). Para que la inyección se aplique correctamente es importante que el bebé llegue bien calmado a la consulta. Si tiene un chupete, que lo lleve; éste ayudará eventualmente a calmar sus llantos. Por nuestro lado, evitemos estresarnos, ya que el bebé puede notarlo (si nos desmayamos a la vista de una aguja, mejor será que sea tu pareja quien acompañe al bebé). Si después de la inyección el bebé llora, le haremos cariños para que no guarde un mal recuerdo de las vacunas (ya que no van a ser las últimas). Las vacunas de hoy en día se toleran mucho mejor que las de hace diez años: es raro ver a un bebé con fiebre alta, abatido y llorando todo el tiempo. El efecto secundario más normal es un pequeño bulto en el lugar del pinchazo que no entraña ninguna molestia.

ALGUNOS DÍAS PARA ADAPTARSE A SU NIÑERA

Los pequeños inscritos en la guardería tienen el derecho a una semana de adaptación a la colectividad. ¿Por qué los que tienen una niñera no lo hacen igual? Algunas niñeras no mostrarán interés, porque no tienen costumbre de hacerlo. Pero es importante insistir, ya que esto facilita realmente la separación de la mamá y el bebé.

Cuando la joven mamá vea a la niñera tomar al bebé en brazos, cambiarlo, vestirlo, alimentarlo, responder a sus llamadas, reaccionar a sus llantos, podrá irse segura y con el corazón ligero. Y el bebé, sintiendo a su mamá serena, también lo estará...

Por otro lado, esta fase de adaptación permite a la niñera y al bebé conocerse progresivamente: podemos explicarle –diplomáticamente –que cuando el bebé llora así, es que tiene hambre; cuando llora de esta otra manera, es que tiene los pañales sucios, etc.

Podemos seguir punto por punto la adaptación a la guardería (ver pág. 133, 59.º día), o bien alargar o acortar este período... ¡lo esencial es que el bebé pase progresivamente de su mamá a su niñera!

Hemos encontrado una niñera

¡Estoy muy muy contenta! Hemos encontrado una superniñera. Puse varios anuncios en las tiendas del barrio, pero ha sido hablando con la panadera como he encontrado a Miriam. Le he preguntado simplemente si conocía a alguien de confianza a quien le gustara cuidar a dos niños adorables de tres meses. Y entonces, como por arte de magia me ha respondido: «Sí, mi hermana cuidaba a dos niños, pero ahora va a dejarlo, porque ya van a ir a la escuela». Me ha dado un número de teléfono. La he llamado y hemos acordado una entrevista.

Al teléfono, su voz dulce ya me ha seducido. Al verla, me ha convencido. Como es habitual, Simón cree que me ilusiono muy rápido. La compartiremos con los vecinos: ¡va a ser muy práctico sólo tener que pasar el rellano para dejar y recoger a Clara! Miriam, nuestra niñera, es joven y ya ha cuidado a niños y, sobre todo, tiene gancho. Cuando nos hemos visto me ha encantado la manera en que ha cogido a Clara en brazos (primero, ha pedido mi autorización y luego ha sostenido bien su cabeza). Ha puesto su cara frente a la de Clara y le ha dicho amablemente: «Buenos días pequeña Clara...». Eso me ha fundido: he pensado que con una mirada así y una voz tan bondadosa sólo podría ser una buena niñera. Me ha dado los datos de antiguas familias para las que había trabajado y Amelia las ha llamado. Por supuesto, le han dicho que Miriam era de fiar, simpática... Aunque esto era algo parcial, ya que no nos iba a dar los datos de las familias con las que se había discutido algún día. Sin embargo, estas llamadas han hecho que Simón y Amelia tuvieran confianza. Ahora, será en el día a día cuando veremos si es tan buena como parece. La única cosa que me preocupa un poco es que ella tiene un hijo que va a la escuela: si se enferma ¿cómo lo hará?

¡NUNCA HABLAMOS DEMASIADO A LOS PEQUEÑOS!

Hablar con los pequeños les permite tomar conciencia de ellos mismos. Esta es la razón por la que es bueno dirigirse a ellos desde que nacen. Son muy sensibles a los tonos de voz y a los gestos. Por lo tanto, es mejor hablarles cara a cara y, naturalmente, sin gritar.

Si utilizamos palabras simples, las entienden muy bien. Es inútil decirles «ballo» cuando estamos hablando de un caballo. Cierto, ellos seguramente lo pronunciarán así, ya que están en su etapa de aprendizaje del lenguaje. Pero esta no es una razón para hablar como ellos. De hecho, es imitando las pronunciaciones de los adultos como aprenden a hablar los niños.

A fuerza de irnos oyendo «caballo» acaban pronunciándolo correctamente. Así pues, tampoco vale la pena rectificarles cada vez que acortan una palabra: debemos dejarles avanzar a su ritmo, pero mostrándoles el ejemplo.

SANGRE EN LAS REGURGITACIONES

Aunque los vómitos no suelen tener importancia, los que se acompañan de sangre pueden ser preocupantes.

Sin embargo, esta sangre puede venir de la mamá y no del bebé: si le damos el pecho podemos tener heridas en el pezón que sangren. El bebé traga un poco de sangre que luego regurgitará.

También puede ser que al bebé le sangre la nariz o los labios (si la hemos apretado o movido demasiado al sonarle, por ejemplo). Sin que nos demos cuenta, puede tragar sangre que luego escupe.

La sangre también puede venir del tubo digestivo. En este caso, generalmente es más doloroso y es un signo de reflujo esófago-gástrico importante. Debemos hablar con el médico, quien seguramente aconsejará la práctica de una fibroscopia (se introduce por la boca un tubo provisto de fibra óptica que baja por el esófago y, posteriormente, hasta el estómago, lo que permite ver el interior de estos órganos) para ver el origen del sangrado y definir un tratamiento. Para los más pequeños este examen es más rápido y menos desagradable que para los adultos.

¿Y si hubiera tenido un niño?

Desde que mi padre me preguntó si Clara tendría pronto un hermanito, no paro de pensar en cómo habría reaccionado si mi primer hijo hubiera sido un niño. Durante mi embarazo, Simón y yo no quisimos conocer el sexo de nuestro bebé. En mi lugar, algunas mujeres se hubieran imaginado tanto una hija como un hijo. Pero yo no: no imaginaba nada. Sin embargo, cuando Simón estaba en la sala de parto y dijo «¡Es una niña!», no recuerdo haberme sorprendido, decepcionado o alegrado de manera particular. Ya era una evidencia: tenía una hija. Ahora pienso que si hubiera tenido un niño quizás habría temido más al porvenir.

Un niño me resulta extraño: no sé cómo reaccionan, a qué juegan y cómo crecen... ¿Y cómo se hace para ser la madre de un chico adolescente? La madre de una chica ya lo sé: yo ya he pasado por eso. Le explicaré que va a tener sus períodos, que no necesitará inquietarse por la sangre, que es totalmente normal... Le hablaré de la píldora, del preservativo. La pondré en guardia contra los embarazos. Le diré que los chicos a esa edad son un poco pesados y que no vale la pena hacer todo lo que dicen a menos que una quiera... Pero un chico: ¿en qué piensa? ¿Qué necesita que le digamos? ¿Es de esto de lo que hablan? ¡No es evidente! Me acuerdo de mi hermano cuando era adolescente: había días que mis padres no oían cómo sonaba su voz...

Pensándolo mejor, prefiero haber tenido primero una hija. Si no, ¡todavía me hubiera estresado más! De la misma manera, si algún día tengo un hijo, Simón estará ahí para comprenderlo y ocuparse de él cuando sea adolescente.

Es mejor que haya tenido primero a una niña.

MODO DE EMPLEO DEL INELUDIBLE FETICHE

Ya se trate de la punta de una tela, de una funda de almohada o de un osito de peluche, este objeto fetiche es ese pequeño trozo de la casa impregnado de los buenos olores familiares (una mezcla indescriptible de mamá, papá y la propia transpiración del bebé) que permite al bebé, cuando éste está en casa de la niñera, en la guardería o en casa de los abuelos, tener la impresión de que papá y mamá están cerca.

Generalmente, el bebé escoge por sí mismo su objeto fetiche: a veces nos puede sorprender que coja ese pequeño peluche insignificante en lugar del enorme oso suave que reina encima de su cama. El bebé toma el que puede coger más fácilmente, ya que el famoso objeto fetiche responde también a la necesidad física de manipular, tocar y retorcer.

Contrariamente a lo que hemos creído durante largo tiempo, tenemos el derecho, incluso el deber, de lavar el objeto fetiche (ya que al llevarlo a todos lados, arrastrándolo y pasándolo del cochecito a la cama, el objeto fetiche puede ser un verdadero nido de microbios). Para evitar dramas en caso de pérdida podemos decretar que el bebé tiene tres objetos fetiches oficiales diferentes. Cada mañana, le llevamos a la guardería o a casa de la niñera con uno de ellos (los cambiamos cada día alternando entre ellos). También podemos hacernos con varios objetos fetiches vaciando la tienda donde el bebé escogió el suyo. En caso de pérdida existen páginas en internet que os pueden ayudar a encontrarlo.

¡LOS BEBÉS NO FUMAN!

Por supuesto, lo ideal, son los padres que han dejado de fumar definitivamente antes de concebir al bebé. Si no lo hemos logrado, es esencial que protejamos al bebé del tabaco.

–No fumamos en la habitación del bebé (incluso si también es la nuestra): el humo del cigarrillo aumenta el riesgo de muerte súbita de los recién nacidos.

–Limitamos los lugares para fumadores al jardín o al balcón. En invierno quizás sean lugares fríos, pero éste es el único medio para proteger al bebé del tabaco. También podemos ir a una habitación donde el bebé no vaya nunca. Sin embargo, es también un poco tóxico, porque el humo se filtra a otras partes de la casa. En este caso, ventilaremos con frecuencia. ¡Lo mismo se aplica para los amigos que vengan a comer a casa!

Los bebés no son como los demás

Esta mañana he encontrado en el buzón un panfleto que pedía el fin de la indiferencia que rodea a los niños minusválidos. Al entrar en una web que indicaba dicho panfleto he leído la muy bella y conmovedora carta de una mamá, decía así: «Me piden a menudo que describa qué se siente al tener un hijo minusválido (...) Yo respondo que esperar un hijo es como organizar un viaje a Italia. Compramos guías turísticas, aprendemos algunas palabras en italiano, tenemos pensado ir al Coliseo romano, ver el *David* de Miguel Ángel e ir en góndola por Venecia. Entonces el día llega. Hacemos las maletas y algunas horas más tarde el avión aterriza. El piloto nos dice: "¡Bienvenidos a Holanda!". "¿¡Holanda!? (...), pero si yo había reservado para Italia. Toda mi vida he soñado con ir a Italia!" Respuesta: "Ha habido un cambio de planes en el vuelo. Hemos aterrizado en Holanda y deberemos quedarnos". Felizmente, el lugar no es horrible ni desagradable. Simplemente es diferente. Entonces, debemos ir a comprar unas nuevas guías y aprender un idioma distinto. Esto nos permite encontrar mucha gente que nunca hubiéramos encontrado. (...) Después de haber estado algún tiempo nos daremos cuenta de que hay molinos de viento, tulipanes e incluso Rembrandt... Pero nuestros conocidos van a Italia y vuelven contentos de los buenos momentos que han vivido (...). Si nos pasamos el resto de nuestra vida diciendo: "allí es donde quería ir también. Era lo que estaba previsto", siempre estaremos en apenados (...) y nunca seremos libres para apreciar las bellas cosas de Holanda. Y Holanda también es un bello país...

> Esperar un hijo es como organizar un viaje a Italia.

PEZONES EXTRAÑOS

Algunas mujeres tienen pezones que, en lugar de sobresalir como es habitual, parecen hundirse en el pecho, particularmente cuando está lleno de leche.

Esto no contraindica la lactancia, pero hace que el trabajo sea más difícil, sobre todo para el bebé. Es necesario abrirle bien la boca (apoyando suavemente su mentón) de modo que pueda coger el máximo de aureola posible.

La utilización transitoria del extractor de leche (ver pág. 103, día 44.°) puede ayudar a que el pezón salga un poco, al mismo tiempo que estimula la producción de leche.

También podemos llevar los discos o las conchas de lactancia durante el último trimestre del embarazo, ya que éstos hacen salir algo los pezones.

Finalmente, existen pequeños aparatos destinados a «hacer salir» los pezones antes de dar el pecho al bebé. Habladlo con vuestro médico. El problema sólo afectará al primer hijo; si el bebé toma el pecho durante varios meses, ya no habrán más pezones hundidos.

UN VERDADERO MELÓMANO

Si hemos escuchado mucha música durante el embarazo, tenemos una ayuda suplementaria para poder calmar al bebé: la música.

Si no lo hemos hecho, tampoco es demasiado tarde para introducir al bebé en una atmósfera musical, ya que la música suaviza las costumbres y... los llantos. Mozart parece ser un maestro en la materia, pero una bella canción de cuna o una canción dulce murmurada tiernamente mientras acunamos al bebé, también hacen su trabajo: calman a un bebé nervioso que tiene dificultades para dormir, sobre todo si su mamá considera esta música como un medio para decirle: «Te amo». El bebé siente el mensaje de amor, lo que le procura un sentimiento de felicidad y de confianza propicio para dormirse.

Como los más pequeños aman las repeticiones, no dudemos en ponerles varias veces la misma melodía. Como la conoce, le da seguridad. De ahí el éxito de los juguetes y las cajas musicales.

Pero el bebé es receptivo a todos los sonidos: una música estridente puede excitarlo y el ruido agresivo de la televisión inquietarlo.

Una semana más

¡Qué rápido ha pasado el tiempo desde que cogí mi baja por maternidad! Y ahora, ya casi se ha terminado. En teoría, debería volver al trabajo hoy mismo. Pero como, por suerte, me quedan algunos días de vacaciones he decidido prolongar una semana más la felicidad de estar junto a mi hija. Debo decir que la idea de dejar a Clara me angustia mucho y cada vez más a medida que se acerca el día de volver al trabajo.

Tengo la impresión de que cuando vuelva a trabajar ya nada será como antes: ella crecerá sin mí y siento que el tiempo transcurrirá a mucha velocidad... En algunos meses me despertaré y Clara ya caminará. Luego empezará a decir «mamá». Luego irá al instituto. Y luego me pedirá la píldora... Bueno, ¡para eso todavía queda tiempo! En todo caso sé que me voy a perder muchas cosas y eso me cuesta aceptarlo.

Pero cuanto más reflexiono menos inclinada me siento a pedir una baja materna. Tengo mucho miedo de aburrirme en casa. Es horrible pensar que una se puede aburrir con su bebe. ¿En el fondo no seré una mala madre? ¿Por qué Simón no se plantea este tipo de cosas? Desde que Clara nació él va a trabajar como es habitual. No tengo la impresión de que él se debata entre quedarse en casa en familia y salir a trabajar. Al menos ¿las otras madres serán como yo? ¿O soy yo la que no sé lo que quiero? ¡Necesito hablarlo con mis amigas!

La idea de dejar a Clara me angustia mucho.

¿CÓMO LE DAREMOS SUS MEDICINAS?

Antes de dárselas, es importante que estemos convencidos de la finalidad de esta medicación. Si no, el bebé puede sentir nuestra reticencia y utilizar nuestra propia duda para resistirse al tratamiento, ya que el bebé (como muchos adultos) ¡es poco fan de las medicinas! En efecto, ¿a quién le gusta ponerse gotas en los ojos, ponerse supositorios o tragarse, durante una semana, mañana, tarde y noche, un jarabe con sabor a plátano?

Pero como hay que pasar por ahí, aquí tenemos algunos truquillos para poder pasar mejor esos momentos tan pesados.

–Para dar un jarabe en la boca: ponemos al bebé en posición semisentada, de manera que pueda ingerir correctamente. Si la dosis es importante, mejor será dársela progresivamente, ya que no podrá tragárselo todo de golpe (y, a continuación, lavamos bien la cucharita). Si el bebé grita porque el sabor del medicamento no le gusta intentaremos dárselo bien frío, ya que así el sabor es menos fuerte. Y, si es posible, intercalamos la toma del medicamento entre dos tomas de leche, al principio de las comidas, cuando tiene hambre.

Bueno saberlo: existen chupetes dosificados especialmente concebidos para dar medicamentos (de venta en farmacias o en tiendas especializadas).

–Operación particularmente delicada: la administración de un colirio. Empezamos limpiando bien los ojos del bebé con suero fisiológico y a continuación lo echamos en la parte blanca del ojo (ya que esta parte es menos sensible que el iris, la parte coloreada).

–Los supositorios: tenemos la tendencia a pensar que el extremo puntiagudo del supositorio tiene la finalidad de facilitar la introducción del mismo al meter esta parte primero. ¡Es falso! La parte puntiaguda debe situarse hacia el exterior del ano. De esta manera, la forma ojival del supositorio se adapta perfectamente a la forma del recto. Además, el supositorio no provoca irritación ni reflejo de defecación.

Cuando el bebé tiene fiebre pensamos enseguida en introducirle un supositorio. Pero es más juicioso darle un jarabe o un sobre, que se disuelve en agua, ya que la absorción vía estomacal es más eficaz. Sin embargo, si el bebé vomita o no quiere abrir la boca, el supositorio es la buena o la única solución.

Adaptación a la niñera

Hoy he comenzado la adaptación entre Clara, Miriam y Julio (el hijo de los vecinos). Hemos decidido hacerlo como en la guardería: ir progresivamente antes de dejar al bebé todo el día solo sin mí. Esta mañana estábamos los cuatro en mi casa. Al principio, Miriam no se atrevía a hacer nada delante de mí. Me he ido a comprar el pan y a dar un paseo por el barrio para dejarlos solos una hora.

Cuando he regresado, Clara estaba durmiendo y Julio tomaba su biberón en los brazos de Miriam. Que Miriam ya hubiera preparado la comida me ha molestado de una manera extraña: he tenido la impresión de ser «la señora marquesa» que tiene el personal en casa. Para compensar he puesto la mesa, pero me he dado cuenta de que eso la incomodaba. Entonces, le he dicho que ella estaba ahí para cuidar de los niños y no para servirme. Eso ha distendido el ambiente. A continuación, el día ha ido bien. Creo que vamos a llevarnos bien... Admiro realmente la manera en que se ocupa de los niños: les habla mucho, tiene gestos muy dulces, cambia muy rápido sus pañales, los viste rápido... Es extraño estar tan tranquila con los bebés de los demás. Yo no me atrevo a tocar a Julio. Tengo miedo de hacerle daño. Tengo la impresión de que soy tan hábil con Clara porque ella es mi hija.

En el momento de salir, Miriam me ha preguntado a qué hora quiero que vuelva mañana. De nuevo, no me he sentido a gusto: encontrarme en la piel del que dice: «Ven a tal hora, haz tal y tal cosa...», eso me incomoda mucho. Le pediré a Simón que juegue a los «jefes», porque a mí me da dolor de estómago sólo de pensarlo...

Tengo la impresión de ser «la señora marquesa».

EN FORMA PARA PEDALEAR

¡Para hacer reír al bebé no hay nada como explorar sus capacidades motoras! Ya en el vientre de mamá adoraba dar sus pataditas...

Ahora le gustaría seguir su entrenamiento de pequeño ciclista. Cuando está bien despierto y en forma, podemos atraparle los pies y hacer que haga movimientos de pedaleo. O incluso incitarle a que empuje sus pies contra la palma de nuestras manos.

De la misma manera, también podemos jugar con sus dedos de los pies y de las manos, haciéndole cosquillas, por ejemplo, y cantar la cancioncilla apropiada: «Uno, dos, tres, iremos a ver...». ¡Risas aseguradas!

LOS INSECTOS DEL VERANO

Desde que el aire es suave y el calor se instala nos entran ganas de estar en el exterior y disfrutar. Pero a la que decimos buenos días también vienen insectos, no realmente malos, pero sí lo suficiente como para proteger al bebé de ellos.

Cuando duerme fuera, e incluso en casa, mejor será instalar una mosquitera (podemos encontrar de todas las dimensiones para cunas y camas con barrotes en los grandes almacenes y tiendas especializadas). En el enchufe más cercano a la cama del bebé podemos enchufar un difusor, que desprende un olor que los mosquitos no aguantan. Si viajamos a un país infectado por el paludismo, estas precauciones serán estrictamente indispensables. Además, en este último caso la mosquitera deberá estar impregnada de un líquido repelente (pedid consejo al farmacéutico o al médico en función del país que vayamos a visitar). No pondremos ninguna loción ni ninguna crema en la piel del bebé, están contraindicadas para los más pequeños debido a su alta toxicidad.

Si, a pesar de las precauciones, al bebé le pica un mosquito, veréis que las picaduras son diferentes a las de los adultos: son pequeñas y rojas, se localizan en las partes descubiertas (cabeza, pies y manos) y aparecen en grupos (desde dos a una decena), pero no parecen producir picor. No tocamos. No aplicamos ninguna crema. Simplemente dejemos que pase.

En cuanto a los otros insectos veraniegos (avispas, abejas...) no se les conoce un apetito particular por la piel tierna de los bebés: vigilad, al igual que con los adultos, es suficiente.

Flor y Matías van a adoptar un bebé

"Flor me ha dicho que esta mañana ella y Matías venían de recibir el consentimiento para adoptar a un niño. Están realmente contentos. Hacía nueve meses que habían hecho su solicitud. Han tenido varias entrevistas con psicólogos y una asistente social fue a su casa para ver si la casa estaba limpia; inspeccionó todas las habitaciones. Flor me ha comentado que esa visita la incomodó un poco: ha tenido la impresión de que la chica hacía una intrusión, no solo en el interior de su casa sino también en sus vidas.

La asistente les ha dicho que el hecho de que sus padres no estuvieran separados era un punto a favor para que obtuvieran el permiso. También les ha preguntado, entre otras cosas, si ellos pensaban que estarían juntos dentro de diez años. ¡Es una pregunta rara! Parece ser que en este tipo procedimientos, no cuentan tanto las respuestas si no la manera en que la gente reacciona a ellas. A flor ¡esto le ha cansado mucho! Después de que la chica se fuera Flor estaba muy estresada y no paraba de preguntarse si la limpieza del piso y las reacciones ante las preguntas de la asistente social habían estado a la altura de su deseo por tener un hijo.

Yo, que conozco a Flor desde hace más de 20 años, creo que va a ser la mejor mamá y esto, espero, que la asistente lo haya percibido a través de sus preguntas extrañas. Matías ha vivido mejor la visita: para él esto formaba parte del procedimiento..."

Hacía nueve meses que habían hecho su solicitud.

MI FARMACIA EN CASA

Para poder curar al bebé a cualquier hora del día y de la noche será mejor que en casa tengamos algunas medicinas, que también nos podremos llevar si nos vamos de vacaciones.

Un tratamiento para la fiebre: en jarabe, pero también en supositorio en caso de que el bebé rechazara el primero.

Soluciones para la hidratación en caso de diarreas o vómitos.

Dosis de suero fisiológico para limpiar la nariz y los ojos.

Una crema acuosa y mercromina transparente para tratar las irritaciones en las nalgas.

El tratamiento habitual prescrito por el médico: vitaminas, tratamiento antirreflujo en caso de que el bebé tenga vómitos, colirio antiséptico para la conjuntivitis, aerosoles preventivos si el bebé tiene bronquiolitis...

Más tarde, cuando el bebé camine, podremos añadir una crema para los chichones y un desinfectante local.

¿POR QUÉ VACUNAMOS A LOS BEBÉS?

Hoy en día hay algunos detractores de las vacunas, ¡nosotros pensamos que las vacunas no sólo sirven para enriquecer a los laboratorios!

En efecto, las vacunas protegen contra las enfermedades infecciosas que muchas veces no tienen ningún tratamiento (incluso en un país desarrollado como España) y que pueden ser mortales o dejar secuelas importantes (minusvalías, por ejemplo).

La difteria (que puede reaparecer en Rusia desde que la vacuna ya no es tan accesible como antes) se contagia por el contacto con un enfermo y puede provocar la asfixia y complicaciones neurológicas.

La poliomielitis sigue transmitiéndose en algunos países africanos a través del agua. De gravedad variable, puede llegar a provocar parálisis.

El germen que provoca el tétanos es mortal para el hombre.

El BCG, la vacuna que protege contra la tuberculosis, actualmente en España no es sistemática y sólo ofrece una protección parcial; lo que no parece ser suficiente en los casos de exposición prolongada ante la enfermedad (si bien esto último es raro).

Otros beneficios de la vacunación: hacer desaparecer ciertas enfermedades. La viruela fue erradicada así a mediados de los años setenta.

Clara está fascinada por los mayores

Finalmente, Ingrid se ha pasado por casa con sus hijos. El mayor tiene cinco años y el menor, dos. Le han sorprendido mucho a Clara. Poco después de su llegada se ha despertado y se ha puesto a llorar. He intentado consolarla, pero ¡sin éxito! Entonces la he puesto en su tumbona para acunarla y los dos críos se han puesto delante de ella. Se han puesto a hacer bromas debajo de su nariz. A ella le ha encantado. Han puesto caras, han hecho voces... Y a medida que la distraían ella se ha calmado y luego se ha puesto a sonreír y a reír abiertamente. A los niños también les ha gustado mucho. Y, por supuesto, han hecho aún más: cuanto más se divertía Clara, más hacían el payaso. A nosotras también nos hacían reír, pero sólo tenían ojos para Clara.

¡Me imagino que debe de haber sido muy gratificante para los dos pequeños tener a una espectadora como Clara que ríe viéndolos hacer el indio! Los niños también han divertido a Clara después de comer. Así, Ingrid y yo hemos podido hablar tranquilamente.

Cuanto más se divertía Clara, más hacían el payaso.

EL MEJOR MOMENTO PARA EL DESTETE

A menudo pensamos que es necesario dejar de dar el pecho de manera progresiva para no perturbar el organismo del pequeño. ¡Es falso! Fisiológicamente los bebés soportan muy bien dejar de tomar leche materna de manera drástica (si la mamá tuviera que ser hospitalizada de repente, por ejemplo, pasarían sin problemas y sin dolores de estómago a la leche en polvo especial).

El destete de manera progresiva se aconseja sobre todo a las mamás: espaciando las tomas, disminuirnos poco a poco las cantidades de leche y permitimos agotar los recursos sin obstrucciones.

Lo ideal es empezar el destete una quincena antes del día X (el de la vuelta al trabajo, por ejemplo). Si empezamos demasiado pronto nos arriesgamos a debatirnos entre la necesidad de dejar de lactar y el deseo de seguir (inconscientemente podemos pensar que como lo hemos hecho con antelación todavía hay tiempo). El bebé puede entonces sentir esta disyuntiva y rechazar el biberón. Su rechazo tiene todas las posibilidades de estresarnos.

Resultado: no sólo el intento de dejar de dar el pecho será un fiasco (que se traducirá en una sensación de fracaso desagradable), sino que además echaremos a perder preciosos días que podríamos disfrutar serenamente con nuestro bebé. Entonces, si empezamos a dejar de dar el pecho dos semanas antes de ir a trabajar, ¡tendremos el cuchillo en el cuello! Si en nuestra cabeza tenemos claro que debemos dejar de lactar, él también lo tendrá claro. Sin embargo, puede notar el olor a leche que emana de los pechos de su madre y rechazar el biberón. Si éste es el caso, el papá podrá dar los primeros biberones.

EN LA BAÑERA, ¡EL BEBÉ BIEN VIGILADO!

Esto parece evidente, pero no debemos dejar a un bebé solo en la bañera: puede ahogarse. Incluso en un poco de agua y estando sentado en una silla de bañera. De hecho, los asientos no están concebidos para dejar al bebé solo, sino para facilitar la vida a las mamás para que puedan enjabonarlo sin necesidad de tenerlo que aguantar al mismo tiempo. Ni pensar en dejar a solas en el agua a nuestro bebé, ni para responder al teléfono. Cuando el bebé esté en el baño no le quitaremos los ojos de encima, por lo que antes prepararemos todo lo que nos sea necesario: juguetes, jabón, toallas...

Y si realmente hay una urgencia que nos haga salir del baño, envolveremos al pequeño en una toalla y saldremos con él. ¡Más vale que coja un resfriado a que se ahogue!

Clara no quiere biberón

"Esta mañana he empezado a dejar de lactar. He intentado darle un biberón. Ella no ha querido. Es extraño, porque ella ya lo ha aceptado sin problemas con Simón y mi madre. ¡Pero yo no he podido hacer nada! No ha querido abrir la boca y ha girado la cabeza cuando le he presentado el biberón... Sin embargo, he insistido: a pesar de que yo tenía leche, he pensado que cuando tuviera hambre realmente tomaría el biberón. Pero no. Al cabo de dos horas lloraba tanto (y yo tenía tanto dolor en los pechos) que he acabado dándole el pecho. A continuación, ha bebido con mucha fuerza. ¡La pobre tenía tanta hambre!

Simón está convencido de que yo no soy lo suficientemente firme. Nuestro pediatra nos ha dicho que un bebé no se iba a morir de hambre por pasar del pecho al biberón. Pero que hacía falta ser claro con uno mismo: si el bebé siente que una no tiene muchas ganas de dejarle de amamantar, aceptará con pocas ganas el biberón. Y es verdad, a mí me gusta darle el pecho. Es un momento tan dulce, tan tierno... Al mismo tiempo, también estoy cansada de levantarme por las noches. Pero la idea de dejarlo me entristece. Sin embargo, estoy obligada, ya que no lo voy a llevar conmigo a trabajar; si tuviera una guardería en mi empresa, eso sería posible. ¡Pero no es el caso! Me gustaría seguir dando el pecho por las noches, antes de dormir. Mientras tanto, será necesario que tome el biberón. Puede que con Miriam funcione mejor que conmigo. Puede ser que sólo me lo rechace a mí..."

No ha querido abrir la boca y ha vuelto la cabeza cuando le he presentado el biberón...

¿EL BEBÉ DUERME LO SUFICIENTE?

Durante sus tres primeros días, el bebé duerme y come. Pero a lo largo de los primeros meses, sus períodos de sueño se van espaciando durante el día.

Es normal, pero algunas madres creen que un bebé tiene que dormir mucho y están inquietas. Tienen el sentimiento de que el bebé no duerme lo suficiente durante el día, sobre todo si éste llora mucho.

Si el bebé llora, a menudo es porque no está suficientemente ocupado en sus períodos de vigilia. Le gustaría que jugáramos con él, que le habláramos, que le demos un paseo... Esto no tiene nada que ver con la falta de sueño. Para estar seguros debemos observar su comportamiento cuando se despierte: si cuando jugamos con él está calmado, sonriente, comunicativo... entonces es que duerme lo suficiente, incluso si los hijos de la vecina dormían más a su edad (el sueño es como el apetito: varia según la persona y según la edad).

En cambio, si el bebé está siempre excitado y nervioso puede ser por falta de sueño. En este caso «lucharemos» para que duerma más: lo acunamos, le hacemos cariños, le susurramos una bonita canción, nos quedamos junto a él acariciándole la palma de la mano, la frente... Y si, realmente, no tenemos éxito, lo hablamos con el médico.

EL BEBÉ ESTÁ RESFRIADO, ¿LO CONSULTAMOS?

Durante los tres o cuatro primeros años de vida un niño está a menudo acatarrado. Generalmente, no es grave (aunque las secreciones nasales sean espesas, amarillas tirando a verdes: esto forma parte de la evolución normal del resfriado). Pero consultaremos cuando:

–El bebé respira mal: lo estiramos con el pecho descubierto y observamos su respiración: si ésta es normal no es necesario ir a consulta (pero seguimos vigilando). Si su respiración es rápida y vemos los costados dibujarse claramente en cada inspiración, no esperemos. De la misma manera, si la molestia respiratoria sigue limpia una vez hemos limpiado la nariz del pequeño, consultaremos: efectivamente, podemos sospechar de bronquitis o una bronquiolitis, lo que puede necesitar quinesioterapia respiratoria.

–Tiene fiebre: tiene más de 37,5° C al menos 24 horas antes de los tres meses de vida. Y más de 38,° C más de 48 horas, después de los tres meses.

–Está gruñón. ¿Puede ser otitis? En ese caso necesitará antibióticos.

–Su sueño está muy perturbado.

–Come menos de 2/3 de su ración diaria o vomita reiteradamente.

Cuando las abuelas sueñan...

¡Mi madre es graciosísima! Hoy nos ha vuelto a salir con una de sus frases cuyo secreto sólo conoce ella. Contemplaba a Clara este mediodía y de repente ha exclamado: «Qué observadora es esta niña. ¡De mayor será científica!». Mi padre, Simón y yo hemos explotado a reír. Ya estamos acostumbrados a las extravagancias de mi madre. Es de locos: ya sueña con lo que su nieta será de mayor. Ella proyecta su pasión en Clara, ya que, por supuesto, mi madre es científica. Pero no ha tenido suerte con sus hijos: mi hermano es un gran deportista y yo... tengo la mente totalmente cerrada para las ciencias.

Cuando era pequeña e iba a la escuela me costaba mucho tiempo comprender que el agua se convertía en vapor. Y cuando comprendí la lección sobre el ciclo de la vida (que consiste en explicar que un animal se come a otro), lloré durante días... En resumen, desde la escuela primaria empecé mal para ser científica. Más tarde, en el instituto, mi madre se empeñó en explicarme las historias del H_2O mezclado con CO_2. Finalmente, ha acabado aceptando que ninguno de sus hijos sea Pierre o Marie Curie.

Pero con Clara ha nacido una nueva esperanza. Puede esperar de nuevo que alguien venga a relevarla. ¿Acaso no hay padres que proyecten sus sueños en sus hijos? ¡Pues los abuelos también! Me acuerdo de que una de mis abuelas quería que fuera a una escuela de canto los domingos por la tarde. Por suerte, mis padres no quisieron. De todas maneras, no me hubieran aceptado: ¡ya en aquella época cantaba fatal!

No sólo los padres proyectan sus sueños en los hijos.

¿EL BEBÉ ESTÁ DEMASIADO GORDO?

Hace veinte años los bebés rechonchos estaban de moda. Pero hoy el espectro de la obesidad planea sobre los angelitos, y muchas mamás, incluso médicos, están dispuestos a poner a sus hijos a dieta para evitar que sean adolescentes obesos.

Sin embargo, está demostrado que antes de los 15 meses el peso del bebé no puede predecir su peso futuro. Incluso si está por encima del índice recomendado, no hay ninguna razón para dejarlo con hambre con el pretexto de que ya se ha acabado el biberón.

De hecho, si se toma todo el biberón es que necesita más: estamos seguros de que ha comido lo suficiente cuando deja leche en el fondo del biberón.

Una de las mejores maneras de luchar contra la obesidad viene más tarde, alrededor de los tres años, cuando no dejamos que nuestro hijo o hija coma fuera de horas y le proponemos que juegue con la bicicleta en lugar de quedarse frente al televisor.

DESTETE: MODO DE EMPLEO

Debido a que es necesario dejar de lactar progresivamente para evitar que los pechos se engorden, empezaremos suprimiendo una comida: la antepenúltima, por ejemplo, la primera de la tarde.

La sustituimos por un buen biberón. Y cada dos o tres días sustituimos una nueva comida para darle biberón. Continuamos así hasta que lleguemos a sustituirlo del todo o parcialmente (podemos conservar la lactancia de la noche y/o de la mañana durante algún tiempo).

Cuando tengamos el pecho lleno y esa leche no esté destinada al estómago del bebé, no nos vaciaremos los pechos con un extractor de leche, ya que entonces estimularíamos la producción. Para evitar que los pechos duelan y se engorden, los presionaremos bajo agua caliente.

En función de la edad del pequeño sustituimos la leche materna por leche en polvo de primera edad (hasta los cuatro meses) y de segunda edad (hasta los 10 meses). Si el bebé necesita leche especial (antirregurgitación o hipoalergénica) lo prescribirá el médico.

Último día antes de ir a trabajar

¡Ya está, mañana vuelvo a trabajar! Ya no puedo echarme atrás, ya no puedo tomarme más días de vacaciones suplementarios... Estoy obligada a ir a trabajar. Tengo una bola atravesada en la garganta, tengo ganas de llorar... Tengo la impresión de que me arrancan a mi bebé. Nunca había sentido esto. O mejor dicho, sí, tengo un recuerdo lejano de mi infancia: cuando me iba de colonias y, desde el autobús que nos llevaba, veía a mis padres decirme adiós y su silueta se iba alejando poco a poco.

También tenía esta bola cuando mi madre me dejaba en la escuela. Muchas veces tenía ganas de correr tras ella, de implorarle que me dejara ir con ella a su trabajo prometiéndole que sería buena y que no haría ruido... Hoy, soy yo la que está en la piel de la mamá que se va, es la misma bola, el mismo nudo en el estómago. ¿Es normal?

¡Espero que Clara no conozca esto! Esta noche le he sonreído y no he parado de tenerla en brazos, de hacerle mimos, de abrazarla... Tengo ganas de llorar, pero no lo quiero hacer mientras ella esté junto a mí. Pobre: no quiero transmitirle mis angustias. Simón no para de decirme que todo va a ir bien con Miriam. De eso estoy convencida. Él no comprende que tengo el sentimiento de que me quitan a mi niña querida. Tengo ganas de decirle a Clara: «Mamá no te abandona...». Pero soy yo la que pienso que ella podría sentirse así. Ella no sabe que mañana, durante el día, estaré lejos de ella.

> Tengo la impresión de que me arrancan a mi bebé.

¿CUATRO O CINCO COMIDAS PARA EL BEBÉ?

¿Crees que el bebé dormirá mejor por las noches si en lugar de cinco comidas tomase cuatro? ¿Habéis leído en las cajas de leche en polvo que a su edad deben tomar cuatro biberones? Como es frecuente, una abuela o una amiga simpática ha exclamado: «¡Cómo! ¿Aún toma cinco biberones?». Como resultado uno se pregunta: «¿cuatro o cinco biberones al día?».

Más vale aceptar rápido la verdad: no es mamá la que decide, ¡es la pequeña o el pequeño! Cierto, podemos intentar suprimirle un biberón (con la condición de meter más en el resto de biberones y así tenga la cantidad de leche que realmente necesita). Pero puede que sea peor: la pequeña puede rechazar beber todo un biberón y después reclamar un quinto para tener su cantidad de leche. O a la inversa, puede beber todo un biberón, pero tener dificultades para digerir la gran cantidad de leche ingerida al mismo tiempo; entonces llorará, se retorcerá en la cama... En lugar de eso, ¿no vale más dar cinco (o incluso seis) biberones serenamente a un bebé calmo que dormirá rápidamente después de haber comido?

No vale la pena tener prisa en pasarle a los cuatro biberones: por la serenidad de la casa y la serenidad de nuestras relaciones con el bebé, mejor será que las comidas transcurran plácidamente, incluso si son numerosas... Y un día cercano, el propio bebé pasará él solo a los cuatro biberones.

¡TAL PADRE, TAL HIJA!

¿El bebé es demasiado pequeño, demasiado redondo, demasiado grande, demasiado flaco? Incluso los médicos se hacen preguntas. Entonces ¿por qué, por una vez, las abuelas son las únicas que no se inquietan?

¡Porque saben cómo estaban papá y mamá a la misma edad! Se acuerdan muy bien de que papá era un bebé pequeñito, mientras que en su adolescencia fue campeón de baloncesto. O que mamá estaba delgadita, mientras que hoy en día está bien esplendorosa.

A veces, basta con tocarse las curvas para asegurarse: el pequeño no es ni demasiado delgado, ni demasiado pequeño, ni demasiado grande, ni demasiado gordo... Se nos parece... lo que nos deja augurar un crecimiento normal. ¡Somos la prueba viviente, aunque no seamos perfectos!

En el trabajo, una bienvenida calurosa

Ya está: he pasado mi primer día en el trabajo. He salido esta mañana con el alma muerta. He apretado los dientes, he abrazado a Clara, que ya estaba en los brazos de Miriam, y he sonreído al cerrar la puerta tras de mí. Me he quedado un rato en el rellano. Quería saber si Clara se pondría a llorar o si Miriam sería menos simpática una vez que yo no estuviera delante. Pero no. Al cuarto de hora me he ido.

Cuanto más me alejaba de casa para ir a la parada del autobús, más sentía las lágrimas en mis ojos. Al sentarme en el autobús, he sollozado. Me he acordado del sueño que tuve por la noche: Clara se había convertido en una moza y yo la veía en la escuela corriendo en un corro y cayéndose. En el suelo, llorando, me llamaba. La oía gritar: «Mamá, mamá...». Y yo la veía, pero no estaba ahí para levantarla y consolarla. Al acordarme de este sueño he vuelto a llorar.

Pero a medida que el autobús avanzaba hacia mi oficina, he pensado que ya era hora de que me calmara y me secara las lágrimas. No quería llegar con la nariz roja, sorbiendo los mocos y con los ojos hinchados. Me he bajado una parada antes para caminar diez minutos y recuperar mi rostro humano. Al pasar por la puerta de mi trabajo, he tenido una sorpresa: mis compañeros me esperaban con un magnífico ramo de flores y mi jefe había previsto hacer un desayuno para darme la bienvenida: café, té, zumo de naranja y pan... Estaba tan conmovida que he llorado otra vez. ¡Esta bienvenida tan calurosa me ha aliviado el corazón!

Mi jefe había preparado un desayuno para darme la bienvenida.

¿DEJAMOS DE DAR EL PECHO UN POCO, MUCHO O TOTALMENTE?

Como para dejar de lactar hay que pasar por unos días de lactancia parcial (la alimentación del bebé será mitad leche materna mitad leche en polvo), podemos evaluar el placer que sentimos en conservar algunas tomas y plantearnos si adoptaremos o no una lactancia mixta.

Condición indispensable: tener un ritmo de trabajo que lo permita. Si tenemos horarios clásicos podemos, por ejemplo, amamantar al bebé por la mañana, al despertarse, y por la noche, antes de dormir. Pero si empezamos a trabajar a las 5 de la mañana o volvemos a casa a las 11 de la noche, se complica: debemos imponer a nuestro bebé el ritmo de vida que llevamos nosotros, ya que él tendrá muchas dificultades para encontrar el suyo. Así pues, las que trabajan viajando (como las azafatas de vuelo, por ejemplo) están obligadas a dejar de lactar. Las demás aún podemos lactar, pero no deberemos esperar mucho de nuestra leche; a veces aporta más placer que calorías, y a menudo necesitan complementos. ¡Aunque el placer ya está bien!

LOS MEDICAMENTOS, BIEN GUARDADOS

Contrariamente a lo que vemos a menudo, no colocaremos todos los medicamentos juntos. Algunos deben guardarse de forma particular.

–Las vacunas: las guardamos en la nevera después de comprarlas.

–Las soluciones en polvo (algunos antibióticos, por ejemplo) que preparamos con agua, deben guardarse en frío después de la apertura del envase. No los conservaremos más que el tiempo del tratamiento (algunos un poco más si así está indicado). También le recordaremos esta precaución de conservación a la auxiliar puericultora de la guardería o a la asistente materna, si les dejamos un envase para que puedan suministrarle al pequeño su dosis.

–Los colirios: los guardamos en el armario, pero no debemos guardarlos más de 15 días tras su apertura (algunos pueden conservarse un mes; eso también estará indicado). Así que cuando abrimos el envase, escribimos la fecha de apertura en el envase.

Y, sobre todo, **cerramos bien los tapones de seguridad después del uso,** y no dejamos ningún medicamento al alcance de los niños.

DIARIO DE SIMÓN
Mi amigo se escabulle

Hoy me he cruzado con mi viejo amigo Roberto. Vivimos en la misma calle y antes del embarazo de Laura nos veíamos al menos una vez a la semana. Él y su compañera venían a casa, nosotros íbamos a la suya... Me di cuenta de que empezamos a vernos menos cuando les comunicamos que Laura estaba embarazada. Creo que Roberto pensó que íbamos a entrar en el campo de los padres que ya no salen y que sólo hablan de su bebé. Cada vez nos hemos ido viendo menos. Me he dado cuenta en ese momento y me imagino que eso debe haberle dolido. Roberto debe de haber pensado que ya no tenía nada en común con él, ahora que yo iba a ser papá.

Al llamarlo para comunicarle el nacimiento de Laura fue cuando me di cuenta de que no nos habíamos visto en mucho tiempo... La primera noche en la que Laura estaba en la maternidad, salimos a tomar una cerveza los dos. Me prometió que vendría a ver a Laura cuando ella regresara a casa, pero nunca ha venido. ¿Quizás esperaba una invitación? Sin embargo, antes siempre venía de improviso... Y cuando me lo crucé por la calle daba la sensación de estar molesto.

Clara pronto tendrá tres meses y todavía no ha venido. Se ha justificado dándome una explicación complicada y rebuscada. Por supuesto, le he dicho que no pasaba nada y que viniera cuando quisiera. Pero no creo que venga. Estoy seguro de que ahora debe pensar que hay mucha diferencia entre los dos. Creo que no nos veremos más a no ser que sea por la calle, por azar. Y eso me entristece, pero ¿qué puedo hacer?

SABER SEPARARSE RÁPIDO

Cuando dejamos al bebé en la guardería o en casa de la asistente materna, la separación puede ser difícil.

Para el bebé, por supuesto, sobre todo si ya ha vivido separaciones anteriores (hospitalización de la madre o de él mismo), pero también para la mamá. Esto también dependerá muchas veces de la consideración que tengamos por nuestro trabajo: si nos gusta mucho, la separación será menos dolorosa que si nos vamos para encontrar a un jefe irascible, compañeros desagradables, un trabajo poco interesante... Pero como hemos decidido trabajar, sea a gusto o a disgusto, aquí tenemos algunos trucos para facilitar la separación:

–**Marcharse rápido después de decir adiós:** si tenemos cosas que decirle a la niñera o a la auxiliar de la guardería, las escribimos la noche antes y al llegar se las decimos. Esto evita enternecerse en la guardería (o en casa de la niñera) y marcharse y tener que volver porque nos hemos olvidado de decir alguna cosa.

–**Una vez hemos abrazado al bebé para decirle adiós,** no volvemos a cogerlo en brazos si le oímos llorar: la mayoría de los pequeños se calman rápidamente una vez papá y mamá se han dado la vuelta.

–**Pero no nos vamos nunca a escondidas:** siempre abrazamos bien a nuestro bebé y le decimos: «Adiós, esta tarde papá o yo vendremos a buscarte». A pesar de su edad, comprende que no lo abandonamos, que su estancia allí es transitoria.

RISAS Y JUEGOS DE MANOS

Hacia los dos meses y medio, el bebé descubre sus manos.

Como si éstas fueran un juguete indispensable para él, las observa, se las pone en la boca, atrapa una con la otra... Para hacer este descubrimiento todavía más interesante podemos ponerle en las muñecas pulseras con cabezas de animales divertidos. ¡Esto le intrigará y le divertirá más aún! Y si, además, le cantamos alguna célebre canción haciendo gestos («Así hacen, hacen, hacen, las pequeñas marionetas...»), le encantará.

El bebé empieza a comunicarse igualmente con su cara: si le sonreímos, él nos responde sonriendo también. A su edad, todos pueden sacar provecho, incluso los que no conoce. Por supuesto, distingue los rostros familiares de los que no lo son, pero todavía no tiene miedo a los extraños; así pues ¡él le sonríe a quien quiere sonreírle!

DIARIO DE SIMÓN
Laura no para de llorar

Desde hace dos días Laura no para de llorar. En cuanto vuelve del trabajo se lanza sobre Clara y no la deja: intenta darle el pecho, pero, según dice ella, no tiene gran cosa que ofrecerle. Y esto parece enfermarla: cada vez que me lo cuenta empieza a sollozar. Me dice que no va bien, que querría quedarse con Clara, pero que no tiene ganas de quedarse en casa... No entiendo lo que quiere: ¡ya hemos tenido esta charla una media docena de veces desde que Clara nació!

Cada vez llega a la conclusión de que seguramente está en un período difícil, pero que está segura de haber hecho lo correcto. Sin embargo, le he propuesto varias veces que se tome algunos meses de baja maternal o claramente un período sabático, si lo desea... De momento ella no prevé nada de esto... pero llora todo el tiempo. ¡Está pegada a Clara! ¡Es peor que hace un mes! No sé qué hacer. Me entristece verla llorar así. Pero ¿qué más puedo hacer? Las cosas son simples: o trabaja o deja de trabajar unos meses. Iríamos un poco justos económicamente, pero eso no se lo voy a decir... ¿Qué espera para decidirse?

AL SALIR POR LA MAÑANA, ¿ES NECESARIO ESPERAR A QUE EL BEBÉ SE DESPIERTE?

Cuando tenemos una niñera en casa puede tentarnos salir de casa antes de que el bebé se despierte. A priori, es mejor evitarlo: incluso si sabemos que el bebé va a llorar es preferible que le digamos adiós.

Cierto, siempre habrán abuelas o niñeras que aconsejarán marcharse a escondidas, ya que, según ciertos principios ancestrales, consideran que los bebés no entienden gran cosa. ¡Es falso! Al no ver a su mamá al despertarse puede pensar que ha sido abandonado. A continuación puede tener dificultades para dormirse, porque tiene miedo de despertarse sin mamá.

Si no podemos evitar marcharnos mientras él duerme podemos avisarle la noche antes al acostarle: «Mamá no estará contigo cuando te despiertes mañana».

Sin embargo, si el bebé se despierta sin mamá a su lado, pero luego hay alguien que lo conoce y lo aprecia, vivirá muy bien su despertar.

¿DEMASIADO PRONTO PARA UNA FIMOSIS?

Al nacer, el prepucio de algunos niños (la piel que envuelve el pene) está cerrado y no permite descubrir el glande.

Sin embargo, hasta el año no hay que estirar la piel del prepucio del pequeño, ya que corremos el riesgo de hacerle sangrar y provocarle dolor. Además, echar la piel para atrás brutalmente podría hacerla menos flexible.

Mejor será que la separación de la piel se produzca espontáneamente: con las erecciones y el interés de los pequeños por su pene, a partir de los 18 meses, cuando se estiran, se manosean... todo pasa generalmente sin problemas.

A veces, se observan unas acumulaciones blanquecinas entre el prepucio y el glande. Esto parece pus, pero no lo es. Además, el prepucio no está rojo ni inflado ni dolorido: estas secreciones se eliminan espontáneamente. ¡No deben tocarse!

Pero como las costumbres y las prácticas han cambiado mucho, puede que una abuela o un médico decrete que el pequeño tiene fimosis a los dos meses: eso es demasiado pronto para afirmarlo. Pero si nos preocupa, no dudemos en consultarlo con nuestro pediatra.

Me molesta no ir a trabajar un día.

Clara está acatarrada

Me lo estoy pensando. ¿Voy o no voy a trabajar hoy? Clara está acatarrada. Ayer por la noche, Simón le limpio bien la nariz, pero durante la noche ha tosido un poco. Eso me inquieta. Miriam me ha propuesto que fuera a trabajar y que me llamaría si viera que Clara empeora. Pero tengo mis dudas... Por supuesto, confío en ella. Pero no veo bien dejar a mi hija enferma con una niñera. Deberíamos quedarnos Simón o yo. Pero Simón ya ha afirmado que para él no había dudas, no se iba a ausentar del trabajo por un resfriado. Quedo yo. Pero me molesta no ir a trabajar, ya que sólo hace tres días que volví al trabajo... ¿Qué dirá mi jefe? Además: ¿tenemos el derecho a hacer eso? Para que el jefe no se moleste, es necesario un papel del médico para quedarse en casa con el bebé...

He llamado a Ingrid para saber cómo lo hacía ella con sus hijos: me ha respondido que ella optaba por una niñera para que cuidara de los niños en casa y así no alterar su vida cada vez que alguien está enfermo. Me ha confirmado que si tuviera que tomarse un día cada vez que uno u otro tiene un resfriado, ya habría tenido que dejar de trabajar definitivamente. Me ha aconsejado que aprovechara esta ventaja que me daba la niñera y que me fuera a trabajar con la mente tranquila... ¡Es graciosa! Como si pudiéramos tener la mente tranquila cuando nuestros hijos están enfermos. Ingrid no tiene corazón. Le he tomado la temperatura a Clara: no tiene fiebre. ¡Pero nunca se sabe! He leído que el estado de salud de un bebé puede cambiar rápidamente. Bueno, voy a ir a trabajar, y si pasa algo mientras voy de camino, Miriam me llamará para que regrese...

HONGOS MAL COLOCADOS

En el intestino de los bebés (como en el de los adultos), hay hongos como la *Candida albicans*, la cual es inofensiva en pequeñas cantidades, pero que puede proliferar (a causa de la edad temprana del bebé o de un tratamiento antibiótico, por ejemplo) y provocar micosis.

Cuando la micosis se desarrolla en la zona del ano puede provocar ronchas, a veces brillantes, alrededor del mismo y, sobre todo, en la región de los labios mayores (en el caso de las niñas) y en el escroto (en el caso de los niños). Deberemos comunicárselo al médico para que nos recete una crema antimicótica (o antifúngica) para que la apliquemos sobre las lesiones y las ronchas.

Y a partir de ahí, cuando el bebé tenga que tomar antibióticos, recordad al médico que el pequeño tiene micosis para que acompañe el tratamiento con una crema especial.

¿POR QUÉ ESTÁ ENFERMO EL BEBÉ?

Al salir de la maternidad, normalmente hay un período durante el que el bebé no se suele poner enfermo (consultamos porque llora mucho o porque tiene problemas digestivos, pero no porque esté resfriado o tenga fiebre).

Sin embargo, alrededor de los tres meses muchos bebés empiezan a acatarrarse: particularmente si son cuidados junto a otros niños. Pero llegan también a una edad en la que los anticuerpos, transmitidos por la mamá durante el embarazo a través de la placenta, empiezan a desaparecer (y los transmitidos por la lactancia se destruyen en gran medida en el intestino del pequeño).

De ahora en adelante, los bebés deben espabilarse solos para defenderse: cuando encuentran un virus, fabrican anticuerpos y desarrollan así su propia inmunidad, lo que se traduce como rinofaringitis (conocidas vulgarmente como resfriados), con todas las complicaciones que muchas veces entraña (otitis, bronquitis, bronquiolitis, etc.).

Ah, los hijos de los amigos...

Al mediodía hemos ido a comer a casa de Ingrid y Laureano. También habían invitado a una pareja (la conocemos vagamente por haberla visto con ellos) que tiene dos hijos: un niño de seis años y una niña de tres. Igual de insoportables los dos: no han parado de gritar, pelearse y pegarse... sin que sus padres intervinieran.

Simón, Ingrid, Laureano y yo hemos tenido que pedirles quince veces que no corrieran alrededor del cochecito de Clara. Pero como los críos no escuchaban nada hemos rozado el accidente: estábamos empezando a tomar el café cuando los dos niños se han empezado a empujar... inevitablemente, la niña se ha caído contra el cochecito, el cual, por suerte, no ha volcado. De repente, Clara se ha despertado llorando. La niña lloraba también; tenía más miedo que dolor, pero igualmente gritaba muy fuerte.

Entonces, los padres han reaccionado y le han dicho: «No es nada, Lea...». ¡Simón y yo no nos lo podíamos creer! Ingrid estaba irritada y le ha pedido a su amiga que calmara a sus hijos. Por supuesto, la amiga se lo ha tomado mal y, sonriendo sin ganas, ha dicho que los niños ya estaban cansados y que querían irse. Comprendo que se molestara, pero al mismo tiempo pienso que es de locos dejar que los niños hagan lo que quieran y no decirles nada cuando se hacen insoportables. Después de comer, sus críos se han peleado con los hijos de Ingrid, han puesto la habitación patas arriba y han roto el garaje que el hijo mayor de Ingrid había recibido para su cumpleaños. ¡Y ni él ni su marido se han movido! Tengo dificultades para encontrarlos simpáticos y no creo que los vaya a invitar a mi casa. ¡O al menos a sus hijos!

No han parado de gritar, de pelearse, de pegarse...

PARA ENDEREZAR LOS PIES METIDOS HACIA DENTRO

Muy a menudo los bebés tienen los pies metidos hacia dentro, como si los dedos gordos del pie se quisieran tocar. Esto se llama *metatarsus varus.* Esta anomalía benigna se debe a la posición del pequeño dentro del vientre materno. Lo mismo ocurre con las piernas un poco arqueadas (las cuales se enderezarán solas en algunos meses). Además, esta posición de las piernas acentúa la imagen de los pies hacia dentro.

Cuando el *metatarsus varus* es moderado, basta con estimular el borde externo del pie frotándolo con un cepillo de dientes, por ejemplo, para que el pie se enderece correcta y rápidamente. Si la deformación es más pronunciada, el bebé necesitará algunas sesiones de reeducación con un fisioterapeuta, y, si fuera necesario, la aplicación de aparatos en las plantas de los pies.

También puede que el bebé tenga los pies muy hacia fuera o permanentemente acoplados contra la cara anterior de la tibia. Esta deformación más rara, llamada *talus valgus*, no se suele corregir espontáneamente. A menudo hay que recurrir al fisioterapeuta y a la aplicación de aparatos.

LA NOCHE CON MI NIÑERA

Inútil pedir un resumen completo del día, ya que será pesado tanto para la niñera (quien puede sentirse espiada) como para la mamá (quien puede estresarse inútilmente sabiendo que el bebé hoy no hizo caca, por ejemplo).

Al recuperar al pequeño, es necesario saber a qué hora tomó su última comida, si ha llorado de forma inhabitual, si se ha caído... Por lo demás, cada familia verá lo que desea saber cotidianamente (¿ha hecho caca?, ¿ha comido bien?, etc.).

No debemos dudar en bombardear a preguntas a la niñera o a la auxiliar de puericultura de la guardería si dicen que el bebé está enfermo y que necesita ver a un médico rápidamente. En la consulta, el doctor necesita saber a qué hora ha empezado a toser y/o a vomitar el bebé o a tener diarreas. A qué ritmo. Si ha tenido fiebre. Cómo se ha medido la temperatura. Si ha bebido. Qué ha tomado como medicamento, etc.

En las guarderías, las auxiliares de puericultura llevan un cuaderno diario en el que anotan el transcurso de la jornada y los sucesos remarcables con los niños. ¿La buena idea? Hacer lo mismo en casa.

Clara prefiere a su niñera

"Clara no para de sonreír a Miriam, le hace «arro, arro...», pero a mí nada de nada. Cuando llego por la tarde, le falta poco para no llorar al ver marcharse a Miriam. Es horrible. Hace tres días lloró toda la tarde, mientras que unas horas antes había estado riendo en los brazos de Miriam... Está claro: ¡Clara prefiere a su niñera!

A veces le recordaría a Clara que su mamá soy yo, pero sería tonto reaccionar así. Ingrid me ha dicho que eso era buena señal: si la pequeña estaba contenta con su niñera era porque ésta la cuidaba bien. Ingrid también piensa que Clara hace eso por la noche para reprocharme que la dejo durante el día. Parece que es normal, todos los bebés hacen eso. Ingrid me asegura que sus hijos le hicieron lo mismo. ¡Eso no impide que sea una experiencia difícil de asimilar! Mi amiga también dice que esto pasará más rápido si no le presto tanta atención. Pero me es difícil hacer como si no pasara nada.

Esta noche, antes de acostar a Clara, le he dicho que en el trabajo pensaba en ella cada segundo. He leído que es importante hablarle a los niños y, aunque sean bebés, entienden lo que les decimos. Al mismo tiempo, no puedo evitar pensar que es normal que Clara se apegue así a su niñera: después de todo, pasa más tiempo con ella que conmigo..."

> Parece ser que es normal. ¡Aunque eso no impide que sea una experiencia difícil de asimilar!

¿QUÉ PENSÁIS DE LOS JARABES PARA DORMIR?

A los tres o cuatro meses podemos esperar que el bebé duerma toda la noche. Pero si no es el caso y aunque estemos muy cansados, más vale evitar un jarabe para dormir.

Los jarabes son como la cucharilla de aguardiente de manzana o el vino en el biberón: un contundente golpe de química en la cabeza del bebé. Cierto, no es menos tóxico que el alcohol al que podemos recurrir con el consejo de un médico (el cual estará raramente a favor...). Antes de prescribir un jarabe el pediatra buscará por qué el bebé no duerme: ¿sufre una enfermedad que provoca despertares nocturnos (como la otitis)? ¿Todavía necesita comer por las noches? Si la respuesta a esta última pregunta es afirmativa, ¡será mejor darle una o dos comidas por noche que un somnífero!

Pero el bebé también puede rechazar dormirse o despertarse por la noche por razones más psicológicas (no se adapta al tipo de cuidado que tiene durante el día, hay algún problema en la familia...). Sólo si estamos al borde del agotamiento podemos recurrir momentáneamente al jarabe somnífero para que todos duerman bien, se recuperen y tengan las ideas más claras para saber qué hacer. Pero, a continuación, debe solucionarse el problema que impide dormir al bebé, si no las noches en blanco volverán al dejar el jarabe.

¡CUIDADO CON LOS GATOS!

¡Si hay alguien celoso del primer bebé de la familia, es el gato! El pequeño ser adorado por sus dueños es ahora destronado por el recién nacido. ¡Podemos decir que le cuesta digerir la llegada del intruso! Y es capaz de mostrar su aversión mostrándose agresivo con él.

¿Cómo evitar los problemas?

–Nunca dejemos al bebé y al gato en una misma habitación sin vigilar: el señor gato podría saltar dentro de la cuna o la camita, ¡y allí cuidado con los sofocos y los arañazos!

–Cuando el bebé duerma, cerraremos la puerta de su habitación: los gatos no saben abrir las puertas, así que tranquilos.

–Quien dice gato dice también riesgo de alergia: sin embargo, numerosos estudios demuestran que tener un contacto precoz y permanente con un gato y sus pelos permite tener un menor riesgo a las alergias que un bebé que tenga un contacto esporádico con el gato de su abuela, por ejemplo.

–En cuanto al riesgo de enfermedades, son casi inexistentes mientras tras el gato no arañe al bebé.

¡Un bebé sale caro!

Venimos de hacer las compras. La mayoría de cosas son para Clara: paquetes de leche en polvo, pañales, jabón especial para bañarlo, tetinas, un nuevo termómetro de baño... Cuando la cajera nos ha dado la cuenta, Simón y yo hemos abierto los ojos de par en par: desde el nacimiento de Clara nuestras compras nos salen dos veces más caras que antes.

He pensado lo que nos cuesta el salario de Miriam cada mes, más la cotización que pagamos cada tres meses... Si a esto le añadimos la ropa de Clara (la cual debemos renovar casi cada tres meses), ¡debemos reconocer que un bebé sale caro! Por cierto, he leído en una revista para padres jóvenes que para el nacimiento del bebé, teniendo todo lo necesario, deben preverse unos 1.700 euros. ¡Y más tarde será peor!: necesitará una alimentación equilibrada, diferentes actividades extraescolares, diversión, material de escuela, etc. Por suerte, después de la llegada de un bebé ya no se tiene mucho tiempo para salir...

Después de la llegada de un bebé ya no se tiene mucho tiempo para salir.

LA LACTANCIA PARCIAL: ¡NO ES TAN SIMPLE!

Cuando seguimos lactando y dando biberones podemos enfrentarnos a dos situaciones delicadas.

–**No podemos asegurar una lactancia lo suficientemente consistente:** por un lado, porque cuanto menos damos de lactar menos leche tenemos, y, por el otro, porque puede que, dentro de nuestra cabeza, hayamos pasado la página de la lactancia sin reconocerlo. El cuerpo no hace lo que no se le dice. Resultado: no hay más leche.

–**También podemos tener un «pequeño Maquiavelo»** que se despierta a las 3 de la mañana para aprovechar y estar con mamá: ha entendido que en mitad de la noche nadie se levantará para preparar un biberón. De esta manera podrá lactar y tener los cariños de mamá para él solo, sin teléfono ni papá que lo distraiga. Mientras disfrutemos con el bebé, todo va bien. Si no es así, le daremos un biberón: así verá rápido que este despertar en plena noche no es tan agradable.

ANTIBIÓTICOS: ¡SÓLO SI SON NECESARIOS!

Pequeño recordatorio: los antibióticos son medicamentos que ayudan al organismo a defenderse de las agresiones matando a las bacterias. Hoy, los antibióticos tratan enfermedades que ayer eran mortales. Pero en caso de afecciones virales, no son eficaces.

Las enfermedades de los pequeños a menudo son causadas por virus: gripes, bronquitis, etc., que hay que vencer sin antibióticos.

Sin embargo, estas afecciones virales pueden sobreinfectarse y provocar, por ejemplo, otitis. La mayoría de las veces estas sobreinfecciones podrían curarse sin antibióticos, pero la posibilidad de complicaciones graves juega a favor de su uso; los antibióticos permiten una mejora rápida del estado general de salud del bebé (en 24 o 48 horas la mejora es clara) al mismo tiempo que disminuyen el riego de complicaciones graves.

Aun así, los antibióticos favorecen el desarrollo de los microbios cada vez más resistentes. Resultado: a veces estamos obligados a tratar simples otitis con inyecciones de antibióticos, otras veces reservadas para casos extremos que necesitan hospitalización. Otro inconveniente de los antibióticos: pueden provocar problemas digestivos (particularmente diarreas) que, en alguna ocasión, pueden llevar al hospital.

Y, por supuesto, cuando se dan sin una necesidad real el famoso «agujero» de la Seguridad Social se hace un poco más grande. ¡Y por nada!

DIARIO DE SIMÓN
Mis compañeros me ven cansado

Tengo que reconocer la evidencia: ¡estoy reventado! Debería tomarme mis días de baja paternal, porque ya no puedo más. Esta mañana una compañera, que no es muy delicada, me ha dicho a la cara: «¡Oh! Debes dormir. ¡Tienes cara de muerto viviente!». ¡Encantadora! De repente he sonreído secamente pensando que así no seguiría, pero ha seguido, y ha dicho que si continuaba así pronto me iban a recoger con cucharilla.

Rápidamente he vuelto a pensar en aquella famosa baja por paternidad. Yo había renunciado a ella porque la secretaria de mi oficina me dijo que yo era el primer hombre de la empresa que la pedía y que, si finalmente la tomaba, no se me reembolsaría la diferencia que hay entre lo que da la Seguridad Social y mi salario real. En resumen, eso me enfrió. Pero habiendo hecho las cuentas vuelvo a pensar en ella. Tengo poco más de un mes para pedirla: después de los cuatro meses de Clara ya será demasiado tarde. Y siento que necesito hacer una pausa.

Si Laura no trabajara, las cosas irían mejor. Cuando Clara se despertara por la noche, se levantaría siempre Laura. Pero desde que ha vuelto a su trabajo, cada uno se levanta en su turno. Y esta última noche ha sido particularmente dura. Clara no quería el biberón y lloraba. Laura quería darle el pecho, pero se lo he desaconsejado diciéndole que nunca conseguiríamos tranquilidad si seguíamos cediendo a los caprichos nocturnos de la pequeña. Resultado: Laura y yo hemos discutido. La falta de sueño es terrible en nuestra casa: nos hace perder nuestra sangre fría... Baja paternal o no, creo que realmente me voy a tomar unos días.

¿PUEDO DICTAR MI RECETA?

Puede parecer extraño, pero ¡sí! En ciertos casos, podemos pedirle a nuestro médico que nos recete tal o cual medicamento para nuestro pequeño. Principalmente porque entre dos jarabes equivalentes contra la fiebre, puede ser que el bebé tenga preferencia por el sabor de uno de los dos; entonces se lo indicaremos al médico. Así tendremos más posibilidades de que el bebé tome bien su tratamiento.

Además, ciertas madres están más tranquilas con jarabes, mientras que otras prefieren los supositorios. En estos casos, ¡también se lo decimos al médico! Lo mismo si hemos acabado el frasco de vitaminas o si no tenemos nada para combatir la fiebre: le pedimos al médico que nos lo recete para que siempre lo tengamos en casa.

También tenemos derecho a decir que preferimos evitar los antibióticos a menos que sean absolutamente indispensables. Podemos pedir un remedio para que el bebé pueda estar en forma en tres días y ¡no se pierda los ochenta y cinco años de su bisabuela! Por otra parte, es inútil pedir medicamentos para síntomas: no son forzosamente necesarios y eso puede ser incómodo para los padres, ya que hay muchos bebés refractarios a los medicamentos.

Finalmente, todo dependerá del juicio del médico, ¡él recetará lo que mejor sea para la salud del bebé!

MI BEBÉ BIZQUEA, ¿ES NORMAL?

Hasta la edad de tres años, puede que el bebé bizquee, sobre todo cuando esté cansado o cuando mire en ciertas direcciones (hacia los lados, por ejemplo). Es normal: se debe a su tierna joven.

Pero a partir de los tres años no debe bizquear, salvo que le mostremos un objeto muy cerca de su cara.

Además, el médico verificará, en el examen de los cuatro meses, que sus ojos queden en paralelo, sea cual sea la dirección en la que miren. Si el bebé continúa bizqueando después de los tres meses deberemos pedir cita con el oftalmólogo entre los seis y los nueve meses.

De la misma manera, si el bebé no bizquea y papá o mamá han visto un estrabismo en su infancia o una diferencia en la agudeza visual de alguno de sus ojos, deberemos consultar a un especialista entre los nueve y los doce meses, para comprobar que todo esté realmente bien en sus ojos.

No siempre sé lo que quiero...

No tengo la cabeza en el trabajo. Cuando estoy allí sólo pienso en volver a casa para ver a Clara. Francamente, ¡no funciono! Sin embargo, intento entrar en razón. Objetivamente, mis colegas y mi jefe son muy simpáticos conmigo. No tengo un trabajo excesivo. Tengo horarios buenos. Entonces, ¿por qué no me siento en mi sitio? ¿Por qué tengo la impresión de que debería estar cerca de mi hija y no en la oficina?

Simón no me entiende: para él, o trabajo o me cojo una baja maternal. El problema es que no estoy segura de querer la baja maternal. Me da vergüenza reconocerlo, pero tengo miedo de aburrirme sola en casa con Clara. Lo que no me impide preguntarme si necesito trabajar. Visto desde el exterior, hay razones para creer que estoy un poco chiflada.

De hecho, pensaba que unos días después de volver a trabajar mi malestar disminuiría. ¡Pero para nada! Ya hace casi una semana que trabajo y siempre es igual. Simón está muy cansado y yo creo que le irrito con mis estados de ánimo. Resulta que ya no me atrevo a comentarle nada. Ingrid me dice que esta sensación va y viene. Me ha confesado que, regularmente, se pregunta si debería trabajar: «¿Trabajar o quedarse en casa con los niños?». Ésa es su pregunta. Ingrid está convencida de que cuando nos convertimos en madres necesitamos aprender a vivir con esta ambivalencia dentro de nosotras. ¿Cómo me voy a acostumbrar a ello?

El problema es que no estoy segura de querer una baja maternal.

¿CUÁNDO DEBEMOS IR A URGENCIAS?

El bebé tiene menos de un mes y medio y tiene fiebre. Tiene dificultades para respirar, incluso después de una buena limpieza de nariz. El bebé tiene diarreas y vómitos frecuentes y seguidos. Bebe todo lo que le damos, pero lo vomita enseguida y creemos que se está deshidratando...

En todas las situaciones, no lo dudemos: ¡nos vamos a urgencias! Tanto si pensamos que debe ser hospitalizado rápidamente (porque vomita mucho, porque parece estar realmente mal...), como si el bebé va a necesitar muchos exámenes médicos (extracción de sangre, radiografías, análisis de orina...). Y lo mismo también si pensamos que el bebé necesita un tratamiento que sólo puede darse en el hospital (un aerosol potente que le permita respirar mejor e inmediatamente, por ejemplo).

Si no fuera ése el caso, es necesario no colapsar los servicios de urgencias, los cuales, a menudo, ya están desbordados. Si no hemos tenido tiempo de ver al pediatra durante el día, es mejor llamar a un médico para que venga a casa. Los centros de consulta se forman cada vez más con esta finalidad. Esto permite que el bebé pueda quedarse tranquilamente en casa en lugar de esperar en una sala llena de niños posiblemente contagiosos y que podrían enfermarle más todavía.

MUGUETE EN LA BOCA

El muguete también está relacionado con el hongo *Candida albicans* (responsable de las micosis del ano y genitales).

En los recién nacidos es muy frecuente. Puede aparecer sin ninguna razón particular. Si el bebé llora, rechaza el biberón o le cuesta tomarlo, si parece molesto... mirad en su boca. El muguete se caracteriza por una multitud de puntos blancos, en especial sobre la lengua, pero también en el paladar y en el interior de las mejillas.

Atención: si sólo tiene en la lengua no se trata de muguete, sino de una regurgitación que ha pasado desapercibida. A veces, cuando el muguete es discreto aparece sobre todo en el interior de la boca, justo detrás de los labios y al nivel de las comisuras de los mismos.

Si vemos estos puntos blancos debemos comunicárselo rápidamente al pediatra para que recete un tratamiento para aliviar al bebé y permitirle que se alimente con normalidad. El muguete se trata bien limpiando la boca con bicarbonato y dando un antimicótico por vía oral.

DIARIO DE SIMÓN
Clara me ha cogido de la manga

Esta noche he ido a hacer mi gesto personal a Clara para mostrarle que ya había vuelto a casa. Ese momento que adoro y que espero durante todo el día ha sido todavía más formidable que de costumbre: Clara ha abierto sus ojos, que estaban medio cerrados, me ha sonreído y se ha vuelto a dormir en un suspiro. La he contemplado así un rato hasta que Laura ha venido a buscarme diciéndome que me esperaba para cenar. Ya me iba y he sentido una pequeña mano reteniéndome de la manga: ¡era Clara! Me había cogido para que estuviera más tiempo con ella.

He llamado a Laura, que acababa salir de la habitación, para que viniera a ver la situación: nuestra Clara sonreía en su sueño. ¡Qué momento tan genial! Clara cada vez hace más cosas. Me imagino que no hemos acabado de maravillarnos... Laura y yo nos hemos quedado contemplándola un momento durante el que he pensado en el comentario que hacíamos hace unos días, cuando decíamos que un bebé salía caro... Es verdad, pero al mismo tiempo ¡qué felicidad!

LA FIEBRE, ¿ES A PARTIR DE CUÁNTO?

Todo depende del lugar donde tomamos la tempe-
ratura: si ponemos el termómetro debajo del brazo, la fiebre
será a partir de 37,5° C.

–**Si utilizamos un termómetro timpánico** (que se introduce en el
oído; no es fiable más que en bebés mayores de tres meses), habrá fiebre a
partir de 38° C.

–**Lo mismo con el termómetro rectal,** habrá fiebre a partir de
38° C.

–**Muchos médicos** estiman que es inútil tratar la fiebre antes de los
38,5° C. Pero si estamos muy angustiados o si el pequeño la soporta mal,
está muy cansado, llora, no quiere comer... más vale darle paracetamol a partir de los 38° C. ¡No vale la pena ir a ver a un médico mientras tanto! De
hecho, la consulta depende de la edad del pequeño; cuánto más joven sea
más rápido habrá que consultar.

–**Antes de un mes y medio:** a urgencias si tiene fiebre, ya que
deberá hacerse un examen completo (orina, sangre, radiografía de los pulmones, etc.).

–**Después de los tres meses podemos esperar 48 horas** si la
fiebre se tolera bien; es decir, si el bebé respira bien y come y duerme
correctamente.

Ciertas fiebres pasan espontáneamente en menos de 48
horas. Éstas pueden estar ligadas a un empuje dental o a una afección viral
sin complicaciones.

Otras fiebres manifiestan una infección más importante y
van acompañadas, a menudo, de otros síntomas (el bebé tiene dificultades
para respirar incluso habiéndole limpiado la nariz, tiene muchas diarreas o
vómitos repetidos, etc.). En estos casos, no se detiene a menos que haya un
tratamiento completo de la enfermedad. Sin embargo, incluso una fiebre ais-
lada (es decir, sin otros síntomas) puede corresponder a una infección bac-
teriana (es el caso de las infecciones urinarias, por ejemplo). Así pues, debemos desconfiar de las fiebres de más de 39° C, sin que haya otros signos y
que duren más de 24 horas.

Tomemos nota: las temperaturas entre 37° C y 37,5° C no
son de fiebre, pero es importante vigilarlas regularmente para que no
suban más.

¡Cada día voy mejor en el trabajo!

Ingrid tenía razón: aunque ya hace diez días que voy a trabajar y lloro, cada vez lloro menos. Ahora, al llegar a la parada del autobús, he secado mis lágrimas. Y, una vez en el autobús, consigo concentrarme en un libro. Luego, cuando empiezo a ver a mis compañeros y empiezo a trabajar, me «meto» en el trabajo: ya no pienso tanto en Clara y en la casa. Finalmente, pienso en ello, pero ya no me oprime el corazón. En resumen, ¡estoy en el buen camino!

Esto no impide que Miriam ayer me tuviera que consolar en el momento de marcharme. Ha sido amable por su parte. Me ha asegurado que no tenía por qué inquietarme, que todo iba muy bien con Clara, y que es una niña adorable. Le hubiera respondido que para mi gusto todo iba demasiado bien, pero hubiera sido ridículo y la habría herido.

Miriam me ha sorprendido: me ha explicado que ella también había estado triste al dejar a su bebé en la guardería, cuando empezó a trabajar. A continuación me he ido a trabajar y en el camino he pensado en lo que me ha dicho: ha tenido que confiar su bebé para ir a cuidar los bebés de los demás. Cierto, no tenía muchas opciones, pero eso ha debido hacérsele extraño, ¡dejar a tu bebé para cuidar a los bebés de los demás! Al menos yo no tengo ese problema. ¿La media de edad en mi trabajo? Treinta y ocho años. ¡En la oficina el bebé soy yo!

Ya no pienso tanto en Clara y en la casa.

BEBÉ, ¿ME OYES?

En algunas maternidades se realiza una prueba para la sordera: todos se benefician, incluso los bebés que parecen oír correctamente. **Esta prueba consta de una realización de otoemisiones acústicas** (*oto*: raíz griega de «oreja», empleada, por ejemplo, en «otorrinolaringólogo», el médico especialista en afecciones del oído, nariz, laringe y garganta). Se coloca un receptor en la oreja del bebé con el que miden los sonidos más leves que emite el mismo oído cuando éste oye correctamente.

Este examen es simple, pero se hace con la ayuda de un aparato sofisticado y necesita un bebé tranquilo y en silencio, lo que complica el proceso. Si el aparato indica que el bebé oye correctamente ¡mejor que mejor! Pero si no mide otoemisiones, ningún problema. Se continuarán haciendo exámenes para evaluar la capacidad auditiva del bebé, sin concluir que sea sordo.

Si hemos alumbrado en una maternidad donde no se hacen estas pruebas sistemáticas, podemos intentar observar las reacciones de un bebé cuando surja un ruido (pero no lo provoquemos, sería muy desagradable para el pequeño). Mientras tanto, si una puerta se cierra, por ejemplo, y vemos al bebé abrir los brazos y luego cerrarlos o tan sólo parpadear, esto significa que oye bien. Y no nos inquietemos si no gira la cabeza hacia el lugar de donde proviene el ruido: no sabrá hacerlo hasta los cinco o seis meses. Si no parece reaccionar al ruido, hablad con vuestro médico.

TETINAS EN ABUNDANCIA

Hay tantas tetinas en el mercado que no sabemos cuál escoger. Antes de llenar la casa, más vale conocerlas todas.

—De silicona: más rígidas que sus primas de caucho, están más bien destinadas a los bebés forzudos o a los que beben muy rápido.

—De caucho: son mejores para los que comen lentamente.

—En todos los casos, es necesario escoger tetinas de tres velocidades, ya que se adaptan mejor a la evolución del pequeño. El número que se dirige a su nariz (y, por lo tanto, hacia arriba) es el que indica la velocidad.

—Si utilizamos una leche espesada, será mejor usar enseguida las tetinas de segunda edad, ya que si no el bebé llorará de hambre.

—Con el tiempo y, sobre todo, si esterilizamos en caliente, las tetinas pueden alterarse y agrandarse su agujero; en ese caso la leche saldrá con más rapidez hacia la garganta del bebé. Así que si el bebé se toma el biberón en cinco minutos y a continuación regurgita, pensad en cambiarla.

Simón ya no quiere levantarse por las noches

¡Esto ha sido lo mejor desde que Clara nació! ¡Simón ha decretado que ya estaba harto de levantarse por la noche para darle el biberón a Clara! Ha decidido que de ahora en adelante sería yo quien se levantaría para ello, ya que soy yo quien ha tomado la iniciativa de darle un biberón por la noche. ¡Qué morro tiene! No se da cuenta de la suerte que ha tenido de no levantarse en dos meses y medio porque yo amamantaba. ¡Tenemos muchos conocidos que se levantaban por la noche para darle el biberón a sus hijos desde que nacieron! ¡No puede decir que no lo he hecho lo mejor que he podido! Pero sí, es verdad: le ofrecí un biberón a Clara, hace unos días, porque tenía la impresión de que eso la ayudaría a dormirse. Simplemente, ahora tiene hambre cuando está durmiendo y eso es lo que la despierta y la hace llorar.

De golpe, Simón me dice que no debemos dejar inmediatamente de darle este biberón, debe acostumbrarse poco a poco. Está convencido de que esto nos hará despertarnos muchas veces por la noche. También dice que ya es el momento de que Clara deje nuestra habitación y duerma en la suya, ¡pero yo creo que todavía es muy pequeña! Por la noche prefiero tenerla cerca de mí. Así estoy más segura. ¡Pero Simón no! Cree que Clara dormirá toda la noche cuando esté en su habitación... Pero si éste no es el caso, deberé levantarme para ir a la otra habitación a alimentarla o ver qué le pasa... Estoy seguro de que esto todavía va a provocar más despertares nocturnos... Se lo he dicho, pero me contesta que pienso en negativo.

Dice que Clara debe dormir en su habitación.

190

EL PROSPECTO DE LOS MEDICAMENTOS: ¡LEEDLO CON ATENCIÓN!

Es cierto, esta lectura es fastidiosa, pero permite saber más sobre los medicamentos que toma el bebé.

–Su modo de reconstitución: ciertos jarabes se venden en forma de polvo, al que debemos añadir agua para hacerlo operacional.

–Su modo de conservación: en fresco o a temperatura ambiente.

–Su duración una vez abiertos.

–Sus efectos secundarios: a menudo son numerosos, pero no son más que los efectos secundarios posibles, ¡no quiere decir que vaya a ocurrir todo! Sin embargo, si tienen lugar no debemos dudar en llamar al médico, ya que una erupción de granos o de ronchas, o una fuerte diarrea, por ejemplo, pueden necesitar una nueva consulta. Pararemos el tratamiento para prescribir otro.

–A veces, hay una diferencia en la posología (dosis y frecuencia de las tomas) entre el prospecto y la receta del médico: entonces mejor llamar al pediatra. Si no conseguimos localizarlo nos ceñiremos a la receta y no al prospecto del propio medicamento.

CUIDADO CON LOS LÍQUIDOS CALIENTES

La mayoría de las quemaduras de los más pequeños son provocadas por líquidos calientes. Para evitarlo: no bebamos té, café o sopa con el bebé en brazos. El menor gesto torpe podría convertirse en un gesto desafortunado para el pequeño.

En cuanto al agua de la bañera, pondremos una atención especial: ésta puede quemar al bebé incluso antes de que le dé tiempo a gritar y que hayamos comprendido que debemos sacarlo del agua. Dicho de otra manera, ¡va muy rápido! Entonces no sólo verificamos la temperatura del agua con un termómetro, sino que antes de poner al bebé, la probamos con el codo como hacían nuestras abuelas. Con la mano, no: ¡no es tan sensible al calor!

Eso es, ¡entro en mis tejanos!

"Este día debe marcarse con una X roja en el calendario o con una V de victoria: finalmente entro en mis tejanos. Los que compré tres meses antes de quedarme embarazada. Creía que nunca me los volvería a poner, pero he hecho lo que debía. Nada de una dieta complicada, de alimentos a peso, de porciones de comida... Tampoco alimentos suprimidos. ¡Finalmente, sí! Sólo algunos, no realmente indispensables para mis necesidades nutricionales, como suele decirse: adiós entonces al pan con chocolate de las 16h, a los cruasanes de la mañana, a las tartas de manzana o al ruibarbo de mediodía que comía de vez en cuando.

También evito la crema fresca y los platos con salsa. Y adiós a las patatas fritas y a las pizzas (eso ha sido lo más duro). Ahora, si me pica el gusanillo, soy muy razonable y me tomo una manzana o un plátano. ¡Y ya está! Estoy muy contenta, ya que me veía como socia de la sección «tallas grandes» por mucho tiempo. Ahora, casi después de tres meses del nacimiento de Clara, no estoy como antes, pero, metiendo la barriga y poniéndome una camisa larga por fuera, puedo ponerme el tejano dejando el último botón abierto. Simón sigue diciéndome que no pierda mucho peso de golpe. Sigue afirmando que si una tarda nueve meses en ganar los kilos del embarazo, también se necesitan nueve meses para perderlos. Está claro que éste es un razonamiento masculino. Le dejo que diga lo que quiera, pero estoy muy contenta: ¡entro en mis tejanos!"

Ahora, si me pica el gusanillo, ¡soy muy razonable!

ESE PEQUEÑO LUNAR EN SU PIEL

Aparece en las primeras semanas de vida. Parece una pequeña fresa que crece progresivamente, a veces de manera muy impresionante. Es un angioma tuberoso.

Nada de nervios, después de algunos meses (doce como máximo) este angioma comienza a regresar y a palidecer hasta su completa desaparición.

De todas formas, los angiomas tuberosos en el rostro pueden causar verdaderos problemas si crecen: pueden molestar para respirar (si están debajo de la nariz), para comer (si están en el labio) y para ver (si están justo debajo de un ojo). En cuanto empiezan a crecer peligrosamente, se puede recetar un tratamiento corticoide (con gotas) para disminuir su volumen.

En todo caso, estén donde estén estos angiomas, es necesario evitar los roces (con la ropa, por ejemplo), ya que pueden sangrar durante días (e incluso meses) y formar una costra que el pequeño intentará arrancar, lo que le hará sangrar de nuevo.

DOS IDIOMAS DESDE LA CUNA

Cuando el bebé nace puede aprender a hablar cualquier lengua o dialecto. Tiene la capacidad de pronunciar todos los fonemas y distinguir todos los sonidos, incluso los que nuestros oídos de adultos ya no saben diferenciar (distinguen perfectamente los diferentes sonidos de un dialecto chino, mientras que nosotros, adultos europeos, no). Luego, a medida que va oyendo hablar a su alrededor, el bebé aumenta las posibilidades de distinguir los sonidos de su lengua materna al mismo tiempo que va perdiendo la capacidad de distinguir los sonidos de otras lenguas.

Entonces, si papá y mamá tienen cada uno una lengua materna diferente y quieren que el bebé hable bien tanto una como la otra, es importante hablarle al bebé, desde bien temprano, en ambas lenguas. Podemos temer que durante este doble aprendizaje el bebé experimente un período de confusión lingüística. ¡Efectivamente! A veces, su interlocutor no lo comprenderá, lo que también será frustrante.

Puede que en un momento dado, durante algunas semanas o meses, el pequeño cree extrañas frases asociando palabras de una lengua y de otra.

No nos inquietemos, pasará rápidamente. Más tarde, cuando el bebé sea mayor, tendrá el placer de hablar dos lenguas de forma corriente y sin confundirlas.

DIARIO DE SIMÓN
Clara debe dormir en su habitación

¡Ya está! He llevado la cama de Clara a su habitación. Laura ha intentado oponerse y ha llorado, pero le he dicho que ya es hora de que cada cual ocupe su lugar. Y que si ponía la cama de Clara de nuevo en nuestra habitación sería yo quien dormiría en el sofá. No ha insistido: estoy seguro de que ella sabe en el fondo que tengo razón. Además, hace días que intento prepararla para este cambio...

¡No hay por qué dramatizar! No he puesto a Clara en la puerta, la he puesto en la habitación que hay junto a la nuestra. La que habíamos pintado y decorado con tanto amor durante varios fines de semana antes de que naciera. Es muy normal que acabe durmiendo allí. Estoy seguro de que si hubiera hecho caso a Laura, Clara todavía dormiría en nuestra habitación uno o dos años más. Desde mi punto de vista, esto no es muy sano. Los padres deben poder estar solos.

Y, además, ya estoy cansado de escuchar a Clara haciendo ruidos con la boca: me despierta. Puede que Laura me infle la cabeza durante unos días, ¡pero al menos ya está hecho! Y estoy seguro de que ahora la pequeña va a poder dormir mejor por las noches. Los bebés tienen el sueño ligero. Seguramente nosotros también la molestábamos con nuestros ruidos...

¿CUÁNDO LE SALDRÁN LOS DIENTES?

Entre los dos meses y un año. Es durante esta etapa de la vida cuando el primer diente asoma. Pero los primeros signos pueden aparecer mucho antes, ya que pueden pasar dos meses entre el primer empuje dental y la aparición del diente.

Si el bebé tiene las mejillas rojas y las encías inflamadas, si babea, tiene un poco de fiebre, si la piel de las nalgas aparece roja de repente casi con heridas (la piel está muy roja y a veces supurante), hay muchas posibilidades de que un diente se esté preparando.

La dentición también puede provocar heces sueltas e irritantes. Podemos aplicar crema acuosa para proteger la piel, darle paracetamol para aliviarle, frotarle las encías con un bálsamo especial... y compadecernos, ya que la dentición puede provocar mucho dolor. Unos buenos mimos durante los períodos difíciles ¡son especialmente bien recibidos!

A VECES, EL APETITO VARÍA

En los primeros días de vida, el bebé necesita un aporte calórico importante: si no duerme por las noches es porque para él es vital comer regularmente y mucho. Su apetito puede variar de una comida a otra o de un día a otro. Es inútil inquietarse por estas bajadas de apetito a menos que vayan acompañadas de lloros, fiebre, diarrea o vómitos. En ausencia de síntomas, estas variaciones de apetito son normales.

–Cuando despertamos al bebé para que coma tomará una comida, en general, menos importante que si se despertara solo. Para él aún no es la hora de llenar el estómago.

–Cuando el bebé está enfermo: pasa un período de ayuno relativo, ¡seguido por otro en el que come mucho para recuperar su falta de ganancia!

–Cuando el bebé tiene un peso bajo al nacer, normalmente come mucho al principio de su vida. Una vez ha recuperado el peso medio de un bebé de su edad, su apetito disminuye.

–Si el bebé regurgita mucho comerá frecuentemente y mucho, ya que necesitará compensar lo que expulsa. Una vez desaparezcan las regurgitaciones el bebé ya no tendrá tanta necesidad de comer. De hecho, parecerá que come menos, aunque absorberá siempre la misma cantidad de leche.

–En todos los casos, sean cuales sean las variaciones de su apetito, lo más importante es que el bebé crezca. No dudemos en someterlo al veredicto de la báscula. ¡Sólo ella podrá confirmarlo!

¡Un bebé cambia la vida!

Desde que Clara ha nacido me doy cuenta de que han cambiado muchas cosas en mi vida. Por ejemplo, cuando vuelvo de trabajar por la noche olvido todo lo que ha pasado durante el día: esta tarde he tenido algunas palabras con una compañera por una tontería (le he pedido que no hablara tan fuerte por teléfono con su hija y se lo ha tomado mal). Antes me hubiera mortificado por esta «cerrada de pico» y habría estado pensando sobre ello toda la noche. Ahora, ¡se acabó! Lo dejo al cruzar la puerta de casa.

Cuando vuelvo a casa estoy tan atrapada por mi Clara que los problemas del día desaparecen. Le doy un baño, juego con ella, la alimento... Sólo importa eso. Lo mismo ocurre con la salida del fin de semana. Antes ya pensaba en ella desde el lunes por la mañana. Antes me preguntaba dónde iríamos Simón y yo el sábado por la noche y con qué amigos... Ahora, prefiero quedarme con Clara y cenar frente a frente con Simón. ¡Es extraño hasta qué punto un bebé cambia la vida!

Prefiero quedarme
con Clara y cenar
con Simón.

PARA UN MEJOR RITMO DE VIDA

Cuando tenemos la impresión de que el bebé tiene dificultades para encontrar un ritmo de vida regular (come y duerme de manera anárquica...) podemos inspirarnos en una herramienta desarrollada por Emmy Pickler (una pediatra húngara) para ver con más claridad: las hojas de ritmo. Las 24 horas de un día del bebé se representan en una columna en la cual se van especificando los diferentes sucesos; estos sucesos serán simbolizados por líneas de colores. Su tamaño debe corresponder a su duración.

–**8h a 8,30h:** biberón, una pequeña línea roja (con rotulador)

–**8,30h a 9,15h:** baño, una pequeña línea azul.

–**9,15h a 11h:** camita, una línea verde grande.

–**11h a 12,30:** biberón, una nueva línea roja.

–**12,30 a 13,15:** lloros y agitación, una pequeña línea negra, etc.

Estas hojas de ritmo permiten transmitir mucha información.

–**Cuando la mamá vuelve de trabajar,** ella sabe si el bebé ha tomado o no su baño, a qué hora ha tenido su última comida, cuánto tiempo ha dormido...

–**Cuando se lo mostramos al pediatra** él puede evaluar si el ritmo cotidiano del bebé corresponde al de un bebé de su edad. Si tiene actividades que podría hacer en otro momento del día (aprovechar una fase de agitación y de lloros para darle un baño al bebé, por ejemplo, eso le ayudará a sacar su energía y le calmará).

–**Al comparar estas hojas de ritmo durante dos o tres semanas** constatamos, a menudo, que el bebé no llora tanto y que come y duerme cada día mejor. ¡Es tranquilizador!

DIARIO DE SIMÓN
Soy el único hombre en el parque

He tomado algunos días de baja paternal. Como los niños ahora están en casa de los vecinos, Laura deja allí a Clara antes de marcharse a trabajar. Esto me permite dormir más y por la tarde voy a buscar a la pequeña y doy un paseo con ella. Ayer sobre las 15h, la llevé al parque. Al sentarme en el banco no me había dado cuenta de que, entre mamás y cuidadoras, yo era el único hombre. He tenido la sensación de estar totalmente desplazado. ¡Me encontraba fuera de lugar! ¿Dónde estaban mis congéneres masculinos, los que me cruzo cada sábado y cada domingo por la tarde en este mismo parque? ¡Trabajando, seguro!

Cuando Clara se despertó para tomar su biberón y moví la bolsa para encontrarlo, sentí unas miradas tiernas girarse hacia mí. Como me había olvidado el babero, una de las dos chicas sentadas en el mismo banco que yo me ofreció uno. Por supuesto, acepté con una sonrisa apurada. Y luego he pensado que Laura también podría haberse olvidado el babero. No hay por qué avergonzarse. Francamente, creo que soy fiable: llevo a mi hija al parque, le preparo el biberón, la cambio, por la noche le doy su baño... ¡No estoy lejos de ser un padre experto!

PEQUEÑO JUEGO DE NIÑERA

¿Lo sabíais? Los bebés son atraídos por los contrastes; nada como el blanco y el negro para llamar su atención. Un juego que podéis hacer con el bebé: estirad al pequeño en una cama o en una alfombra, ponedle un calcetín blanco y otro negro en cada pie (o mano) y levantadlos pronunciando cada vez el color que se levanta. ¡Diversión asegurada!

LA FAMOSA BRONQUIOLITIS

El bebé tose, tiene dificultades para respirar (un ruido como el maullido de un gato). El médico diagnostica bronquiolitis...

Si es la primera vez quizás no nos receten medicamentos tipo Ventolin, ya que su eficacia no ha sido demostrada en la primera bronquiolitis.

En su lugar, el bebé necesita sesiones de quinesioterapia respiratoria: verlo es impresionante, pero, según los profesionales, a los bebés no les hace daño. El quinesioterapeuta aplica unos masajes sobre el tórax para hacer salir las flemas que impiden respirar correctamente.

Muy frecuentemente, es necesaria una sesión diaria incluso los domingos y días festivos. Si el bebé necesita más de seis sesiones, las dos últimas deben estar precedidas de un descanso de uno o dos días (para verificar que el bebé no empieza de nuevo a sobrecargarse en cuanto paramos los masajes). Así pues, si tras seis sesiones el quinesioterapeuta nos anuncia que no volverá más, pedidle que organice una última sesión al cabo de 48 horas.

Por nuestra parte, ayudamos al bebé a luchar contra la bronquiolitis de la siguiente manera:

–Destaponándole bien la nariz (ver pág. 93, 39.º día).

–Ofrecerle bebida con frecuencia. Esto hace que las flemas se vuelvan más líquidas y que puedan salir más fácilmente.

–Haciéndole comidas más ligeras, pero más frecuentes, para limitar los riesgos de regurgitación.

Si a pesar de los cuidados atentos el bebé parece estar cada vez más enfermo, no dudemos en consultar de nuevo, ya que esta enfermedad puede empeorar hasta el punto de requerir la hospitalización (antes de un mes y medio ¡es incluso una acción sistemática!).

En el hospital se beneficia de un tratamiento que no se puede tener en casa: oxígeno, aerosoles muy potentes (esto depende de los servicios) y se pueden tener tres sesiones de quinesioterapia respiratoria al día.

DIARIO DE SIMÓN

Difícil, difícil, tomar su lugar

¡Es increíble! Las mujeres no paran de quejarse de que los hombres no hacen casi nada en casa, no las ayudan, les dejan todas las tareas de limpieza y todos los asuntos cotidianos para solucionar... pero a la que uno hace algo, eso no va bien. Debería incluso decir que nunca va bien. Y cuando concierne a los niños, ¡todavía peor! En casa, desde que la pequeña nació, Laura parece totalmente convencida de que ella es la única que sabe lo que es realmente bueno para nuestra hija.

Ayer, por ejemplo, se pasó la tarde explicándome que era imperativo limpiar el biberón de leche justo después de acabarlo. Su explicación duró una media hora, sin contar todas las alusiones que ya había hecho antes y todas las veces que ha vuelto a sacar el tema después de nuestra conversación-disputa. Debo decir que he tenido la desgracia de dejar el biberón de las 14h en el fregadero hasta la noche. Cuando Laura ha vuelto de trabajar lo ha visto y se ha enfurecido. Y yo he sido tan tonto que me he intentado justificar diciéndole que me parecía más importante aprovechar los últimos rayos de sol paseando a Clara que limpiar el maldito biberón.

Al saber que habíamos salido, Laura ha cambiado de tema y me ha preguntado cómo había vestido a Clara. Le he descrito la ropa que le he puesto y, por supuesto, ha considerado que no estaba lo suficientemente tapada. Después, le he enseñado el adorable polo que le he comprado esta tarde. Ahí también ha tenido que decir algo; ha buscado rápidamente la etiqueta y cuando ha visto que contenía tejido sintético, me la ha puesto en las narices recordándome que para el bebé era necesario sólo algodón puro. A primera hora de la noche me he ido a acostar, realmente lo necesitaba. Le he dicho que discutir de esta manera para imponerse, ¡era muy cansado y desalentador!

¿LOS APELLIDOS DEL PADRE O DE LA MADRE?

El sistema español de imposición de apellidos supone que una persona ha de llevar como primer apellido el primero del padre y, como segundo, el primero de la madre. Pero esta regla general cambia cuando el padre y la madre, de común acuerdo, antes de la inscripción del nacimiento de su hijo, deciden invertir el orden de los apellidos de éste, de manera que se inscriba con el primero de la madre como primero, y con el primero del padre como segundo. El orden acordado para el mayor de los hijos regirá en las inscripciones de los siguientes hijos de los mismos padres. Por su parte, el hijo al alcanzar la mayoría de edad puede también solicitar que se altere el orden de sus apellidos.

Más información en: www.mjusticia.es

¡NO HAY BAÑO ESTA NOCHE!

Un baño todos los días al final de la jornada es muy agradable, pero si una noche no se hace (porque uno está cansado, hastiado o ya es demasiado tarde), ¡no pasa nada! Y si la caldera se avería no vale la pena calentar el agua en ollas: ¡el baño puede esperar tranquilamente 24 horas!

A veces es el mismo médico quien pide que no se bañe al bebé: después de la realización de un BCG Monovax, por ejemplo, o después de aplicar nitrato en la zona umbilical (ya que estas partes deben quedar secas).

Sin embargo, es inútil saltarse el baño porque al bebé se le haya vacunado con una inyección. De la misma manera, cuando el bebé está acatarrado o tiene una otitis, la infección no empeorará por el hecho de bañarse.

Ésta es una idea que muchos siguen creyendo. Era válida en una época en la que las condiciones materiales, particularmente los medios para calentarse, no eran muy buenas: al salir del baño se corría el riesgo de coger frío. Pero hoy en día el baño puede ayudar a hacer bajar la fiebre y una atmósfera saturada de humedad (como en una sauna) puede calmar la tos.

Si el bebé tiene otitis y el médico ve una perforación del tímpano, es de una importancia absoluta que se evite la entrada de agua en los oídos mientras no se haya curado. Aunque nada impide tomar un baño mientras se haga con mucha atención.

Clara tiene una otitis

Al volver a mi despacho después de comer, he recibido una llamada de Miriam. Esto me ha helado la sangre. Creía que había ocurrido una catástrofe. De hecho, Clara tenía fiebre y apenas había tomado su biberón de mediodía. Miriam me ha dicho que pensaba que Clara debía ir al médico. He llamado al pediatra y le he suplicado una visita en dos horas, y nada más colgar he ido directa a la oficina de mi jefe y le he pedido si podía irme a casa. Tenía lágrimas en los ojos.

Evidentemente, mi jefe me ha autorizado a marcharme. Pero me ha comentado que un bebé de tres meses con fiebre no tiene nada de excepcional. ¡Pero es que no estamos hablando de UN bebé, sino de MI Clara! Cuando he llegado a casa de los vecinos, Clara dormía tranquilamente, aunque estaba caliente y tenía las mejillas un poco rojas. Miriam la había vestido después de haberle puesto un supositorio. He sentido un gran reconocimiento hacia esta mujer: el tono de su voz, la atención que tiene por los niños... Eso me ha tocado verdaderamente. Simón, Clara y yo ¡tenemos la suerte de tenerla! He llevado a la pequeña al pediatra: tiene una otitis. Tengo que darle antibióticos. ¡Ya!

Miriam pensaba
que la pequeña
debía ir al médico.

HA ENCONTRADO SU PULGAR. ¿ES MEJOR QUE EL CHUPETE?

Hacia los tres meses los bebés llegan a ponerse voluntariamente el dedo pulgar en la boca. Si antes le habíamos ofrecido un chupete, quizás sea el momento de dejarle con su dedo. De hecho, los que deben decidir son los padres, ya que el debate «¿pulgar o chupete?» no ha terminado.

Algunos profesionales dicen que las deformaciones del paladar y de los dientes son más importantes en quienes utilizan el chupete, pero otros dicen exactamente lo contrario; algunos dicen que es más difícil dejar el pulgar que el chupete, porque el dedo lo llevan siempre consigo mientras que el chupete pueden dejarlo en casa al salir.

Otros opinan que si las manos del bebé están ocupadas, no utilizará el pulgar, mientras que el chupete puede usarlo mientras dibuja...

La única diferencia: el chupete entraña una dependencia afectiva mayor que el pulgar. Efectivamente, en cuanto el bebé llora se le pone el chupete en la boca. Así asocia chupete y bienestar. Entonces el chupete se convierte en una especie de juguete que llevamos a todos sitios y le da seguridad. Mientras que el pulgar, aunque evidentemente también se lleva a todos sitios, depende de que el bebé lo introduzca voluntariamente en su boca; escoge el momento en que quiere chuparlo. ¡Para reflexionar!

EN LAS CADERAS, ¿TODO VA BIEN?

Algunos bebés nacen con una cadera luxada o inestable (la cabeza del fémur no está en su lugar con relación a la pelvis y se disloca). Esta anomalía puede corregirse perfectamente poniéndole al bebé unos aparatos especiales. Esto explica por qué el pediatra examina al bebé, al nacer en la maternidad, cogiéndole suavemente la parte superior de las piernas y verificando la flexibilidad de sus caderas.

Incluso si todo está bien, a algunos bebés se les somete a una ecografía de las caderas a las cuatro semanas de vida, o a una radiografía de la pelvis a los cuatro meses (y deben hacerse si el médico lo ha prescrito, ya que cuánto más tarde se dé el diagnóstico, más difícil es el tratamiento). ¿Por qué? Porque forman parte de una población de riesgo (personas cuya familia ya ha tenido problemas de cadera, han nacido de nalgas, etc.).

Si los exámenes indican que todo va bien, perfecto. Pero si muestran alguna anomalía, serán absolutamente necesarios unos aparatos ortopédicos para reducir la luxación.

Los pequeños calman a los grandes

Esta tarde hemos visto en la guardería una escena divertida. Clara acababa de tomar el biberón. Ella lloraba y yo intentaba calmarle cuando un niño de apenas tres años se ha acercado a mí. El niño ha señalado con el dedo a Clara y le ha dicho a su madre: «¡El bebé tiene pupa!». A continuación ha empezado a hablarle a Clara con mucha amabilidad. Yo estaba realmente sorprendida, ya que unos minutos antes había visto a aquel niño en el tobogán dándoselas de valiente. Intentaba pasar delante de los demás niños e incluso había empujado a otro niño en la escalera... Y ahí, en ese momento, estaba tan dulce...

Su mamá ha venido a decirle que no molestara, pero yo le he contestado que a mí no me molestaba nada. Al contrario, encontré que su actitud era muy agradable. Ella ha apreciado que le hablara así de su hijo y se ha sentado junto a mí. A continuación, le he dicho que el cambio de actitud de su hijo había sido espectacular. Ella ha sonreído y me ha dicho que a menudo ha observado que los bebés calman a los niños pequeños. Me ha dicho que era psicóloga de guardería y que cuando los niños de dos o tres años se ponían nerviosos, ella los enviaba a la sección de los bebés: eso los calma y los relaja. Según ella (y otros psicólogos que han abordado el tema), el aspecto dulce y redondo de los bebés tiene un efecto pacificador: ablanda la agresividad...

> El aspecto dulce y redondo de los bebés tiene un efecto pacificador.

EL ABUELO Y LA ABUELA: ¿ADULTOS COMO LOS DEMÁS?

Al nacer su primer nieto, los abuelos y las abuelas se implican mucho con él: telefonean regularmente para saber cómo van las cosas. Hablan con sus amigos... El pequeño ocupa casi todos los pensamientos de sus abuelos.

La reciprocidad en este caso no es real: el bebé no se pregunta por sus abuelos, ya que los conoce poco o casi nada.

Para el pequeño son adultos como los demás que le muestran su interés: no acepta con mucha facilidad encontrarse en sus brazos. Los abuelos y las abuelas pueden entristecerse por este hecho (mientras que otros adultos con menos afecto hacia el bebé no se molestan).

Sin embargo, el bebé sólo necesita un poco de tiempo para habituarse. Así pues, aunque los abuelos tengan ganas de coger al bebé solo verlo, es mejor que pedirles que lo eviten.

Al principio, se presentan los abuelos al bebé. Luego ayudamos a que jueguen con él, pero manteniéndolo con nosotros. Pasada media hora el bebé ya está familiarizado con ellos... ¡En ese momento ya pueden eclipsarnos!

¿QUÉ ES ESA MANCHA ROJA EN LA PIEL DEL BEBÉ?

A veces podemos ver una mancha roja en la piel del bebé, principalmente en la frente, los párpados y la nuca.

Es un angioma plano: si apretamos encima, desaparece y luego vuelve a aparecer, cuando la presión del dedo ha cesado.

Estos angiomas son muy frecuentes: además, puede que otro miembro de la familia también los tenga. Cuando están situados en la frente o en los párpados desaparecen espontáneamente en tres o cuatro meses.

Por lo contrario, cuando están en la nuca o en la raíz del cabello pueden permanecer algunos años. En cuanto a los que surgen en los pies o en las manos pueden palidecer (hasta cierto punto).

Ciertos angiomas visibles pueden tener un tratamiento con láser si son susceptibles de causar un rechazo social (a causa de esta mancha en la piel el pequeño puede sufrir burlas, estar acomplejado, etc.). Estos tratamientos son apremiantes y pesados, así que mejor pedir el consejo de un dermatólogo especializado. Si él decide practicar sesiones de láser, éstas estarán cubiertas por la Seguridad Social.

Julio ha sido hospitalizado

Amelia
todavía
temblaba...

"Julio, el bebé de los vecinos, ha sido hospitalizado: tiene una infección de orina acompañada de fiebre alta. Hemos temido por él. Ayer por la noche, su madre, Amelia, me ha pedido si podía cuidar a su hija (su marido estaba de viaje), porque su hijo estaba a 40º C de fiebre y con las uñas violetas. Esta mañana, al volver del hospital, me ha contado que se encontró con dos equipos de médicos y enfermeras totalmente distintos. Ha discutido con el primer equipo, ya que han intentado tomar muestras de sangre a su bebé y no lo han conseguido.

Al cabo de un momento, el pequeño ha empezado a quejarse y un enfermero le ha pedido a Amelia que mejor tomara a Julio en brazos. ¡Es inhumano! Me ha dicho que ha explotado en hipos pidiéndoles que le pusieran una crema anestésica y que lo intentaran de nuevo al cabo de una hora. Por suerte para ella, un segundo equipo ha llegado y una de las nuevas enfermeras ha comprendido su preocupación; enseguida ha puesto un parche de crema anestésica en el brazo de Julio (que no paraba de llorar). Esta enfermera le ha explicado que, a veces, en urgencias no se aplica esta crema y que las tomas de sangre se hacen sin problemas. Es cierto: Clara ya tuvo una inyección sin anestesia y apenas lloró.

Esta noche, al contarme la escena, Amelia aún temblaba. Julio está mejorando. Tiene un tratamiento con antibióticos. Normalmente, saldría en tres o cuatro días. Exceptuando a ese enfermero, Amelia ha encontrado que el equipo médico era más bien agradable. La única cosa que le molesta es pasar las noches en el sofá de la habitación donde está el pequeño (ya que no hay catre) y tener que atravesar medio hospital para encontrar algo de comer y una máquina de café: ¡en hacerlo tarda una media hora!"

A PROPÓSITO DE LOS BEBÉS NADADORES...

Es una actividad extra, si a uno le gusta el agua. ¡También con la condición de que tengas motivación! Efectivamente, tendrías que llevar a tu bebé un sábado o el domingo por la mañana. Temprano, sobre las 8h o las 9h, ya que el agua debe estar muy limpia y templada (32° C). ¡Y en invierno, con el frío, no se suelen tener muchas ganas de madrugar para ir a chapotear!

Por supuesto, la finalidad no es aprender a nadar, sino permitirle al pequeño familiarizarse con el agua: antes de los seis meses el bebé se baña manteniéndose en los brazos de papá o mamá. Es un momento privilegiado, ya que en la piscina no están el teléfono, la lavadora ni la televisión que distraen la atención de los padres.

Las sesiones son muy cortas: alrededor de 20 minutos entre los cuatro y los nueve meses, y unos 45 minutos desde los diez meses hasta los cinco años (después llegan los cursos de natación).

UN ESPEJO PARA ENCONTRAR A UN AMIGO

Frecuentemente, en los lugares donde se acogen a los más pequeños encontramos espejos. En las consultas de los pediatras, por ejemplo, puede haber un espejo delante de la camilla de examen.

Es para divertir al bebé y atraer su atención al examinarlo. Desde los tres meses, un niño puede estar intrigado por su reflejo en el espejo. No se reconoce (eso pasará sobre los dieciocho meses), pero ve a un amigo que le sonríe cuando él sonríe, que atrapa su pie o levanta la mano al mismo tiempo que él...

Así que para divertir al bebé en nuestra casa podemos poner su alfombra de juegos delante de un espejo bien fijado: ¡ahí encontrará a su amigo divertido que lo hace todo como él, en el mismo momento!

Creo que ocuparse de un bebé es duro y cansado...

Sí, estoy en lo correcto al trabajar

"Esta noche, por primera vez, no me he precipitado por volver a casa. He conversado unos minutos con una compañera. Hablamos de los niños, del trabajo y de la dificultad de conciliar una vida familiar, la pareja, el trabajo, una nevera que llenar... Me ha contado lo cansada que está con todo esto. Cada vez sueña más en dejar de trabajar. Extrañamente, me he sorprendido a mí misma al decirle que a mí me sienta bien trabajar. Me doy cuenta de que gracias a mi trabajo estoy contenta de encontrarme con Clara cuando regreso por la tarde. Y durante el fin de semana tengo muchas ganas de estar con ella todo el rato.

El domingo por la tarde, contrariamente a mi costumbre, no me estremezco al pensar que tengo que ir a trabajar al día siguiente. Hasta me siento aliviada, ya que a veces creo que ocuparse de un bebé es duro y cansado, decodificando sus lloros, calmándolo. Al menos en el trabajo no me hago tantas preguntas y, finalmente, ¡estoy menos tensa!

Además, al pasar por casa de mis padres, este fin de semana me he encontrado con una amiga de mi madre que conozco desde pequeña. Tiene una hija de mi edad y al oírla hablar de la relación que tiene con ella he pensado que hago bien en trabajar; desde que es una niña su hija no deja de decirle: «Pero ¿por qué dejaste de trabajar cuando me tuviste? ¡Empieza de nuevo! ¡Estás siempre detrás de mí!». La amiga de mi madre estaba muy triste, porque su hija se ha ido a vivir muy lejos. Al hacer la mudanza, su hija le dijo que si ella hubiera trabajado habrían tenido mejores relaciones. Creció con la idea de que su madre se había sacrificado para cuidarla ¡y ya no podía culpabilizarse más! Es un poco triste esta situación de ambas. ¡Al menos cuando Clara sea mayor no podrá hacerme esos reproches!"

TRUCOS DE NIÑERA PARA CALMAR AL BEBÉ

¿Cómo calmar al bebé cuando está nervioso, cuando llora y los mimos no parecen ayudar? Hacerle escuchar la voz de niños de su edad, dice una cuidadora (¡y aprobado por una madre examinadora!). Hay CD de bebés balbuceando o de canciones cantadas con voces muy infantiles. Puedes comprarlos para apaciguar los gritos de nuestro bebé. Hay canciones que harán las delicias de vuestro pequeño. Si no, también podemos grabar a nuestro bebé cuando balbucea y ponerle la grabación cuando empiece a ponerse nervioso.

¿ES UN DIENTE LO QUE SE PREPARA O ES ALGO MÁS GRAVE?

Una serie de molestias acompañan con frecuencia la dentición (en particular, un poco de fiebre es bastante común). Atención a no tolerarlo todo: 40° C de fiebre, por ejemplo, extrañamente va asociado a la dentición de los bebés.

Es mejor consultar, ya que la mayor parte del tiempo la poca fiebre es de 38° C o 38,5° C. De la misma manera, suele ocurrir que el bebé tosa y tenga mucosidad cuando esté a punto de aparecerle un diente (ya que en estos momentos él es más frágil de lo normal a las agresiones exteriores). Aun así, es necesario tratar los síntomas que surjan.

Lo más delicado es distinguir entre la dentición y una otitis: en los dos casos, el bebé tiene fiebre, duerme mal, come mal y llora. Si observamos que sus encías están hinchadas (¡lo que no es siempre muy evidente!) seguramente indica que se está preparando un diente, pero además una otitis no se descarta.

Si el bebé siente alivio con paracetamol (una sola toma debe asegurarle una buena noche), puede que no se trate más que de la salida de un diente. Pero si el bebé se despierta llorando al cabo de tres horas seguramente será una otitis: en este caso, mejor consultar con un médico.

Bueno saberlo: La dentición puede causar heces muy líquidas, incluso diarreas, pero no vómitos. Si el bebé tiene los dos síntomas, será más bien una gastroenteritis: ¡atención con la deshidratación!

Los hombres creen que las mujeres no les dejan tomar su lugar de padres.

¿Los hombres quieren compartirlo todo?

Esta tarde, Simón y yo hemos tenido una gran conversación sobre la repartición de las tareas domésticas con Ingrid y su marido. Conclusión: los hombres creen que las mujeres no les dejan tomar su lugar de padres. Eso no quita que cuando se discute la organización cotidiana entre nosotros, casi siempre somos las mujeres quienes llevamos a los niños a casa de la cuidadora, a la guardería o a la escuela, y que casi siempre somos nosotras las que vamos a buscarlos por la tarde. Cuando hay una preocupación, que el bebé se enferma por ejemplo, también somos casi siempre nosotras quienes dejamos el trabajo para llevar al niño o a la niña al médico. También somos nosotras quienes estamos pendientes de que la nevera esté llena y las que hacemos la compra al mediodía para tener pañales, mantequilla, etc.

La última vez que Simón fue de compras tuve que escribirle una lista, y aun así se equivocó: cogió margarina pensando que era mantequilla. Me he caí de espaldas: en casa siempre hemos tenido tanto una como la otra, ¡y no se dio cuenta! Y, encima, siempre puede decirme lo que quiere... Sin importar que sea yo sola la que haga la lista de la compra (abriendo la nevera, los cajones y mirando lo que falta) y la que diferencia la margarina de la mantequilla.

Bueno, de acuerdo, hay mujeres insoportables que refunfuñan todo el día, haga lo que haga su compañero, aunque también hay muchos hombres que se quejan de sus compañeras pero que finalmente no hacen mucho para ponerse en su lugar, sobre todo cuando se dan cuenta de las obligaciones que tienen.

EL BEBÉ TIENE UN PENE EXTRAÑO

Existe una anomalía relativamente frecuente del pene que lleva el nombre bárbaro de *hypospadias*: la uretra se detiene en la mitad del pene, sin llegar a la punta, y surge al exterior entre el glande y el prepucio.

Esta anomalía no es grave y, en general, no molesta al funcionamiento urinario o genital. Pero para que el bebé tenga más tarde un pene bonito, y no se haga pipí en los zapatos, es mejor operarle antes de los dos años.

La cirugía reparadora da muy buenos resultados, pero a veces a fuerza de varias intervenciones.

ESCOGER CON ATENCIÓN: LA LECHE ANTIRREGURGITACIÓN

Aunque las leches clásicas (1.ª edad, 2.ª edad, leche de crecimiento...) son bastante parecidas y su marca importa poco, las leches antirregurgitación sí son muy diferentes según el fabricante.

Algunas están espesadas con almidón de arroz o de maíz: no son las más espesas y a veces estriñen a los bebés.

Otras, que no se encuentran más que en farmacias, están espesadas con algarroba (fruto del algarrobo). Éstas son más eficaces contra las regurgitaciones, pero favorecen los gases intestinales y a veces provocan cólicos en los bebés de menos de tres meses (a partir de esa edad, ya son muy bien toleradas).

Si el bebé ya utiliza una leche específica (para prematuro o hipoalergénica), luchamos contra las regurgitaciones añadiéndole un espesante (una harina). De nuevo, escogeremos un espesante de almidón de arroz o maíz o un espesante de algarroba.

¿Cómo escoger lo mejor para el bienestar del pequeño? Adoptando, en un inicio, la leche recomendada por el médico y observando las reacciones del bebé. Si él tolera bien esta leche (si no parece tener dolor de estómago...) la mantenemos y, sobre todo, no la cambiaremos.

Utilizamos una tetina de 2.ª edad, ya que el agujero, más grande que el de las tetinas de 1.ª edad, se adapta mejor al tipo de leche espesada.

He cruzado el umbral...

Clara ya duerme por las noches desde hace una semana, yo ya entro en mis tejanos, estoy más serena en el trabajo... Tengo la impresión de haber cruzado un umbral. Desde este mañana imagino todo lo que nos espera a Simón y a mí todavía: noches interrumpidas por el paracetamol que calma los dolores de dentición, despertares nocturnos causados por los monstruos de los sueños de Clara... Recuerdo que mi madre sabía hacer desaparecer a los monstruos malvados sólo cogiendo mi mano. Me acuerdo también de mi padre, que atrapaba a los fantasmas de debajo de mi cama y los aprisionaba en su bolsillo...

Simón y yo, ¿conseguiremos ahuyentar a los demonios que interrumpan los sueños de Clara? ¡Espero que sí! Pienso también en todas las etapas que nos quedan por pasar: las risas de las sesiones de escondite, las aprensiones del primer día de escuela, los lloros de su primer desamor, su primera petición para salir por la noche, nuestras primeras negaciones como padres... Y todos los por qué que deberemos responder.

Todo está delante nuestro, virgen. Inflada de amor, me sorprendo a mí misma preparando los discursos que se adaptarán mejor a cada situación, las palabras más precisas que ayuden a Clara a abrazar el mundo y la vida. En el fondo, sé muy bien que no evitaré las pieles de plátano. Pero mejor, ¡ya que he leído que no hay nada peor de unos padres perfectos!

Pienso también en todas las etapas que nos quedan por pasar.

ESO ES, ¡EL BEBÉ SOSTIENE SU CABEZA!

Pasados tres meses, si el pequeño sostiene su cabeza recta, en línea con la columna vertebral, aún debemos continuar sosteniéndosela algún tiempo, para que tenga seguridad y comodidad.

Es una gran victoria en el plano psicomotor: el bebé ya ha pasado una etapa de una sucesión de conquistas que llegarán poco a poco. Pronto se mantendrá sentado con la espalda recta (al principio, necesitará un apoyo del que luego prescindirá). Un poco más tarde, se mantendrá de pie (primero, apoyándose, y luego, no). Finalmente, caminará: al inicio sosteniéndose con todo lo que encuentre en el camino y, luego, solo.

La adquisición de tono en su cabeza le permitirá al bebé despreocuparse (ya que hasta ahí eso le obnubilaba un poco). Desde ese momento va a poder concentrar todos sus esfuerzos para adquirir otras cosas (la prensión por ejemplo, que consiste en poder atrapar, coger y aguantar un objeto).

SI LA TRISTEZA PERSISTE

Tener una bajada de moral a las 48 horas siguientes al parto, ¡es normal! Decirse, de vez en cuando, que ya estamos hartos de las noches en blanco y de los lloros del pequeño, ¡también es normal!

Pero si nos sentimos incapaces de ocuparnos de nuestro bebé, si nos vemos desamparados delante de ese bebé ruidoso, si lloramos casi a diario, si el bebé no consigue hacernos sonreír... Probablemente se trate de una depresión. Y ésta puede tener consecuencias importantes sobre el comportamiento del bebé. Efectivamente, el pequeño puede reaccionar llorando mucho y muy fuerte, como si quisiera «despertar» a su madre de esa depresión.

Algunas mujeres son más propensas que otras: han tenido una infancia difícil, ya han tenido alguna depresión a lo largo de su vida, han perdido a alguna persona querida antes de dar a luz, han sido separadas de su bebé porque éste ha debido ser hospitalizado...

Muchas mamás jóvenes mamás tienen este malestar y se culpabilizan de ser malas madres, incapaces de ocuparse de su bebé. Necesitan ayuda. Es importante y urgente que consulten a un especialista (un psicólogo que ejerza en la maternidad donde haya dado a luz, por ejemplo). Si no, pueden hablar con su ginecólogo o su médico de cabecera para que le recomiende un buen profesional. A veces basta con algunas sesiones para mejorar. Pero, otras veces, la maternidad ha revelado un malestar importante que necesitará, quizás, un seguimiento más largo.

¿Y si nos felicitáramos?

¡Victoria! Hace varios días que Clara duerme toda la noche. Ahora sí creo que se acabaron los despertares a las 4 de la mañana. ¡Al fin! Había olvidado lo que era dormir 10 horas seguidas durante algunos días. ¡Qué felicidad! Miro a mi pequeña con otros ojos: si duermo bien por la noche, ¡vamos a poder hacer muchas cosas!

Al contemplar a esta pequeña señorita a veces no logro creerme que haya salido de mí, y me siento orgullosa de ella. Orgullosa de Simón y de mí, de lo que hemos conseguido construir en poco tiempo. Si recapitulo, hemos tenido un bebé, hemos aprendido a bañarlo, a prepararle el biberón, etc. Ahora sabemos reconocer cuándo tiene hambre, cuándo tiene frío, cuándo tiene dolor. Y todo esto, sólo escuchando sus lloros. Bueno, a veces todavía nos equivocamos. Dudamos frecuentemente, pero si lo comparo con el primer día en que nació, ¡nos hemos vuelto profesionales! Incluso le hemos encontrado una supercuidadora.

Además, Simón y yo nos hemos discutido mucho, pero cada vez nos hemos reconciliado de forma brillante... En resumen, ¡hemos aguantado el tipo! De acuerdo, todas las parejas que devienen padres atraviesan momentos como éstos, pero de todas maneras es un éxito sagrado. Cada vez que lo pienso, no es al tener el bebé cuando debemos felicitar a los padres, sino más bien al cabo de unos meses: ¡cuando ya han superado todas las dificultades y han organizado una vida normal!

> Estoy orgullosa de Simón y de mí, de lo que hemos conseguido en poco tiempo.

ZUMOS DE FRUTA, PURÉ O CARNE...

¿Aún no es el momento! Las generaciones se suceden y no se parecen: si ayer los pediatras recomendaban a las mamás que introdujeran otros alimentos, aparte de la leche, en la dieta del bebé, ¡hoy no! **De ahora en adelante, el principio dominante es:** leche, más leche y nada más que leche hasta los seis meses. A continuación, añadiremos legumbres y fruta (salvo frutas exóticas y los cítricos para los que esperaremos un año, y los kiwis, los cuáles no daremos al bebé hasta que cumpla los dos años). Más tarde, la carne a los siete meses... (los huevos y el pescado se podrán empezar a dar entre los nueve y los doce meses).

¿La idea? Limitar los riesgos de alergia. Incluso los cereales en polvo para segunda edad con sabor a fruta no se recomiendan antes de los seis meses (incluso aunque a veces en el paquete indique: «a partir de cuatro meses»). ¡Nuestros pequeños ya tendrán tiempo para probar todas estas cosas!

¿HAY QUE ESTIMULAR AL BEBÉ PARA QUE PROGRESE?

A los tres meses y medio el bebé ya es todo un campeón: responde a una sonrisa sonriendo, consigue coger un objeto que desea y mantenerlo en la mano. A los cuatro meses querrá ponerse sobre su barriga y a los seis algunos conseguirán mantenerse sentados sin ningún apoyo y desplazarse a cuatro patas. Probablemente, los primeros intentos tendrán algunos fracasos: ¿cuántas veces el bebé se queda bloqueado sobre su barriga y es incapaz de girarse? ¿Cómo le ayudamos? Dejándole que se equivoque y volviendo a empezar: si no consigue girarse solo, es inútil hacerlo en su lugar.

Para estimularlo, es mejor que haya intercambios. Si papá y mamá (pero también la abuela y el abuelo, el tío y la tía, etc.) pasean al bebé de habitación en habitación dentro de la casa, juegan con él y le rodean, en su alfombra, con juegos de objetos que tenga que coger, mirar y mordisquear y con muñecos... ¡le ayudarán a progresar! Y si acompañan los descubrimientos del bebé con mimos y palabras alentadoras... ¡será muy estimulante!

Por supuesto, si el bebé tiene la tendencia a ser contemplativo y poco activo, podemos estimular su motricidad agitando un objeto con cascabeles delante de sus ojos e invitarle a que venga a buscarlo. Pero cada niño avanza a su propio ritmo (que no tiene nada que ver con el de otro). Lo importante es estar a su lado para ayudarle a descubrir el mundo y que vaya cogiendo confianza en sí mismo.

Informaciones adicionales

SABERLO TODO SOBRE LA BAJA PARENTAL
Para la madre

Descanso de dieciséis semanas ininterrumpidas en caso de parto simple y en caso de parto múltiple ampliable en dos semanas más por cada hijo a partir del segundo.

Si el padre y la madre trabajan, la madre podrá optar por transferir a su cónyuge una parte determinada e ininterrumpida de su período de descanso (después del parto) de manera simultánea o sucesiva a su propio período.

La mujer trabajadora recibirá, durante el período de permiso, un subsidio procedente de la Seguridad Social equivalente al 100% de la base reguladora.

Para el padre

13 días ininterrumpidos, ampliables en dos días más por cada hijo a partir del segundo, en los casos de parto, adopción o acogimiento múltiples. El disfrute de estos períodos es independiente del disfrute compartido de los períodos de descanso por maternidad.

El trabajador que ejerza este derecho podrá hacerlo:

–Durante el período comprendido desde la finalización del permiso por nacimiento de hijo, previsto legal o convencionalmente, o desde la resolución judicial por la que se constituye la adopción o a partir de la decisión administrativa o judicial de acogimiento, hasta que finalice la suspensión del contrato regulada en el art. 48.4 del ET o:

–Inmediatamente después de la finalización de dicha suspensión.

Podrá disfrutarse en régimen de *jornada completa* o en régimen de *jornada parcial* de un mínimo del 50%, previo acuerdo entre el empresario y el trabajador, y conforme se determine reglamentariamente.

–El trabajador deberá comunicar al empresario, con la debida antelación, el ejercicio de este derecho en los términos establecidos, en su caso, en los convenios colectivos.

La prestación económica consiste en un subsidio equivalente al 100% de la base reguladora. Más información en: **www.seg-social.es**

PERMISO DE LACTANCIA

Derecho de absentarse del trabajo debido a la lactancia de un hijo menor de nueve meses.

El permiso de lactancia es un derecho de la madre trabajadora, sin embargo puede gozar de él el padre o la madre indistintamente, si ambos trabajan.

La ausencia del trabajo puede consistir en una hora durante la jornada laboral. Esta hora también puede fraccionarse en dos medias horas durante la jorna-

¡Uno nunca sabe demasiado!

da. La concreción horaria y la determinación del período del permiso de lactancia y reducción de la jornada corresponderá al trabajador, quien a su vez deberá comunicar al empresario, con quince días de antelación, la fecha de incorporación a su jornada ordinaria.

Este permiso puede disfrutarse tanto en el caso de tener hijos biológicos como adoptados, y en el caso de parto múltiple la jurisprudencia interpreta que este derecho se multiplica.

Regulación: Artículo 37.4 del Estatuto de los Trabajadores, Ley 39/1999 para promover la conciliación de la vida familiar y laboral de las personas trabajadoras.

Excedencia por el cuidado de los hijos

Derecho a un período de excedencia por el cuidado de cada hijo menor de tres años. Se garantiza la reserva del mismo lugar de trabajo durante el primer año de excedencia y la reserva de un lugar de trabajo en el mismo grupo profesional o categoría equivalente para el período restante de la excedencia.

Es un derecho que puede ejercitar indistintamente el padre o la madre, biológicos o adoptivos, pero cuando sean los dos los que trabajen sólo podrá ejercerlo uno de ellos.

Todo el período de la excedencia es computable a efectos de antigüedad.

Regulación: artículo 46.3 y disposición adicional 14 del Estatuto de los Trabajadores, artículo 180.b de la Ley general de la Seguridad Social, Directriz 96/34 del Consejo de las Comunidades Europeas, Ley 39/1999 para promover la conciliación de la vida familiar y laboral de las persones trabajadoras.

CERCA DEL TELÉFONO, LOS NÚMEROS ÚTILES

Para que todos sepan siempre dónde llamar en caso de contratiempo, poned los números de teléfono importantes junto al teléfono.

–**El del médico de cabecera** o el del **pediatra** del bebé.
–**Las urgencias pediátricas (o médicas)** del hospital más cercano.
–**Los bomberos: 080 o 085**
–**Urgencias Médicas: 061**
–**El del centro de toxicología (control de envenenamiento) más cercano.**
–**Los números de móvil de papá y mamá.**
–**Los números de los abuelos,** si estos viven cerca.

Y para ayudar a la cuidadora o a la niñera para que guíe a los que llaman, escribiremos el número de la casa, la dirección, el código para entrar en la casa (en caso de que lo haya), el apellido, el piso y la puerta...).

Índice analítico

A

adaptación
  a la guardería: D59
  a la cuidadora: D66
adopción: D72
alcohol: D14-15-24
alergia: D29-47-100
alimentación: D1-2-6-9-15-24-64-65-75-76
  diversificación de la: D100
amigas: D9-30-78-81
angioma: D89-95
animales domésticos: D59-82
antibióticos: D83
apellido: D93
apetito: D64-75-90
asistencia materna: D25-26-41-50-63-66-81
audición: D87
avión: D46

B

bajas
  paternal: D62
  especial: D51
  parental: D42-45
baño: D21-73-88-93
  en el mar: D61
bebés nadadores: D96
biberón: D1-2-3-6-7-22-46-76
bronquiolitis: D29-56-80-92

C

cabeza: sostenerla D11-99
caída: D56
calor: D47-61
calzado: D53
caprichos: D39
cereales: D65
cesárea: D1

chupete: D10-31-87
  pulgar como: D94
cochecito: D6-8-38
cólicos: D18
comadrona (a domicilio): D5
conservación
  de la leche materna: D37-44
  de medicinas: D77-88
contracepción: D20-22
cordón umbilical: D4
costras: D24
cráneo: D30
cuidadora: D25-29-37-40-41-42-48-50-53-66-67-81-82
cuna: D27

D

declaración de nacimiento: D2
depresión posparto: D2-63-99
destete: D73-74-75-77-83
diarrea: D10-40
diente: D90-97
diversificación D68
dolor: D35

E

episiotomía: D75-95
eructo: D23
erupción miliar: D28
esterilización: D7-22
estreñimiento: D36
extractor de leche: D44

F

fimosis: D60-79

G

gato: D82
grietas: D12
guardería: D17-25-30-41-49-59

H
habitación: D7-14-21
heces: D10-40
hongos: D80-85

I
insectos del verano: D71
inyección: D66

L
lactancia materna: D1-2-3-5-9-12-15-
    20-24-35-36-37
lloros: D15-28-32-43-79

M
madre: D1-6
madrina: D55
mamitis: D19
mar: D61
masajes: D58
maternidad (estancia): D3
medicamento: D36-70-72-77-83-88
    genéricos D37
micosis: D80-85
mimos: D8-19-21
mochila: D9-30
montaña: D52
muerte súbita (del recién nacido) D9-21
muguete: D85
música: D34-69

N
nacimiento D1-2
nariz
    tapada: D34
    limpieza D36

O
ojos: D84
otitis: D94

P
padrino: D55
parecido: D25-76

parto(en casa): D62
paseo: D28-29-55
pechos: D69
pediatra: D13-14-34-52-54
pene (problemas de): D60-65-
    79-98
perineo: (reeducación) D31
perro: D59
peso: D12-13-75-89
piel: D8-11-17-23-28-32-89-95
pies: D81
planificación (hoja de): D91
playa: D61
polución: D29-45-54
pulgar: D94

Q
quemaduras: D61

R
receta: D84
regurgitación: D16-33-67-98
resfriado: D34-74-80
ropa: D48
    cómo lavarla: D62

S
sangre en el pañal: D27
    en las regurgitaciones: D67
seguridad
    en coche D47
    en la casa D52
    en el baño D73
senos de bebé: D19
separación: D44-54-60-66-71-
    78-79-90
sol: D29-61
sonrisa: D22-78
suegra: D7-36
sueño: D12-13-21-28-31-32-
    42-46-50-58-60-74-90-
    91
    cereales para dormir: D65
    jarabe para dormir: D82

T

tabaco: D13-15-16-21-68
televisión: D56
testículo: D65

U

uñas: D6
urgencias: D85

V

vacunas: D20-66-72
viaje
    en coche: D47
    en avión: D46
vitaminas: D51
vuelta a casa: D4
vuelta al trabajo: D43-45-70-76-77

Agradecimientos

Deseo dar las gracias a Amélie Allègre, Elodie Baladier, Valérie Barbier, Arnaud Benithah, al doctor Yves Bompard, a Thomas y Sylvie Bourreau, Patricia Delahaie, Faubienne Frémont, Jean-Philipe Baert y Sonia Picard, Yves Martin, asociación La chaînette Nicole Gautelier y Laurent Sciboz.

Otros títulos en esta colección:

Bebés para principiantes
Roni Jay

Por fin el libro ideal para madres y padres principiantes que no tienen muy claro si su hijo llora porque tiene hambre, cólicos, o el pañal repleto. *Bebés para principiantes* no trata los aspectos superficiales —los utensilios innecesarios, los consejos más banales—, sino que se centra en las cuestiones realmente fundamentales: el nacimiento, la lactancia, cómo dormir al bebé, cómo introducir por etapas los distintos alimentos, etc. El libro analiza los falsos mitos relacionadas con el cuidado del bebé. ¿Realmente es práctico un calentador de biberones? ¿Y un esterilizador? Y muchas cuestiones más.

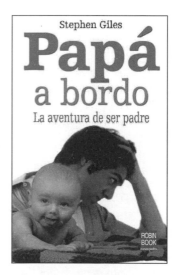

Papá a bordo
Stephen Giles

El nacimiento de un hijo os cambiará la vida. Claro que es fantástico, pero... todo es una novedad, y al principio no sabemos cómo enfrentarnos a la nueva situación. La vida aparece de repente repleta de cosas por aprender y retos por superar.

Gracias a Stephen Giles, al final del primer año seréis capaces de cambiar el pañal hasta dormidos (en caso, claro está, de que logréis dormir) y, más importante aún, dominaréis el arte de ser un buen padre.

Mi primer año

Conserva los recuerdos del primer año de tu hijo en este bonito álbum de fotografías. Cada página está dedicada a los momentos y hechos más especiales, e incluye un espacio en blanco para que puedas escribir tus pensamientos, sentimientos y recuerdos que te acompañen durante este año tan emocionante. Con casi 40 ventanas para poner las fotografías y páginas donde escribir tus impresiones, este álbum se convertirá en un recuerdo entrañable. *(Edición en castellano y en catalán.)*

Ellison, el elefante que quería cantar
Eric Drachman(ilustrado por James Muscarello)

Ellison no es un elefante normal y corriente. Por eso los otros elefantes se ríen de él. Pero ¡Ellison es único, excepcional, extraordinario! Y gracias a su imaginación y a su fuerza de voluntad conseguirá que todos los elefantes de la manada acaben admirándolo. *(Edición en castellano y en catalán.)*